KB164970

범죄 심리의
재구성

연쇄살인사건
프로파일러가 들려주는

범죄 심리의
재구성

글 고준채

다른

범인의 마음과 싸우는 사람들

이 책을 마무리하던 중 전남편 살해, 그리고 현 남편의 의붓
아들 살해혐의로 기소된 고유정의 2심 재판이 열렸다. 결론부
터 말하자면, 의붓아들 살해혐의에 대해서는 무죄가 선고되었
다. 재판부는 의붓아들의 사망 원인을 두고 '외부의 힘(압착)'
에 따른 질식사로 추정되는 등 법의학적으로 의심스러운 정황
이 있다고 보았다. 그러나 뚜렷한 범행 동기와 직접 증거가 없
어 혐의를 인정할 수 없다며 검사의 항소를 기각했다.

'고유정 사건'은 2019년 3월 2일 청주에서 의붓아들을
살해하고, 5월 25일 제주도 펜션에서 전남편에게 수면제를

먹여 살해한 후 시신을 훼손 및 유기한 사건이다. 범행의 잔혹함에 온 국민이 큰 충격에 빠졌다. 수사 초기에는 고유정의 거짓말 탓에 전남편의 성폭행에 대한 과실치사로 수사가 진행되었다. 그러나 과학수사요원의 철저한 현장감식과 폴리그래프 검사관, 프로파일러, 형사, 법률, 법의학 전문가 들의 끈질긴 집념 덕에 사건은 새로운 국면으로 접어들었다. 그 결과 전남편에 대해서는 계획적인 살인으로 무기징역을 선고받았으나, 의붓아들에 대한 사건에서는 무죄가 선고된 것이다.

안인득은 2019년 4월 17일 자신의 집 아파트에 불을 지르고 대피하는 주민들에게 흉기를 휘둘러 다섯 명을 살해하고 열일곱 명에게 중경상을 입혔다. 안인득은 살인과 방화 등 혐의로 국민참여재판으로 진행된 1심 재판에서 사형을 선고받았으나 2020년 6월 24일 항소심에서 정신감정 결과 심신미약이 인정되어 무기징역을 선고받았다.

흉악범죄는 지금도 우리 주변에서 끊임없이 일어나고 있다. 아무리 과학기술이 발전하고 시대가 변한다고 해도 묻지마 범죄와 같은 분노범죄와 동기를 알 수 없는 범죄는 늘어날 것이라고 전문가들은 예측한다. 그러나 동기를 알 수 없는 분노범죄는 예방하기가 어렵다. 범죄자의 화를 촉발하는 상황 혹은 상대가 개인별로 다를 뿐 아니라, 동일 인물이라도 시시때때로 달라지기 때문이다.

전통적으로 프로파일링 수사기법은 연쇄살인 사건의 현장에서 범인의 행동 특징을 분석하여 용의자를 선별하는 수사기법이었다. 하지만 이제는 통계적 검증과 과학적 방법론을 적용하여 각종 데이터를 해석하고, 프로파일러가 범죄자의 마음속으로 들어가 범죄자 자신도 모르는 범죄 심리를 분석하여 실제 범행 동기를 밝히는 방향으로 그 역할이 확장되고 있다.

범죄심리학은 거짓말을 탐지하거나 범죄자의 자백을 이끌어내고, 인질 사건이나 위기에 빠진 시민을 구하며, 범죄 피해자의 트라우마 회복에도 도움을 주고 있다. 이렇게 보면 범죄심리가 사건 해결에 만능이라고 생각할 수도 있다. 필자는 지금까지 범죄 심리 전문수사관으로 수많은 사건을 경험하였으나 아직도 사건과 범죄자를 대하는 일은 어렵기만 하다. 정확한 진술을 하는 피해자, 현장에서 눈에 보이지 않는 생물학적 증거를 찾아주는 과학수사요원, 용의자를 찾아 발로 뛰는 형사, 번거롭더라도 목격자 진술을 해주는 시민. 범죄 수사는 이렇게 많은 사람의 협력 없이는 할 수 없는 일이다.

이 책은 프로파일러가 범인의 유죄를 입증해나가는 프로파일링 또는 수사 과정에서 만나는 인간의 범죄 심리에 관한 이야기이다. 세기의 범죄 사례를 통해 프로파일링 수사기법이 도입된 배경을 설명하고, 필자가 실제 사건 현장에서 겪은

생생한 경험을 이야기할 것이다. 또 현장에서 답을 찾는 과학
수사요원, 거짓말을 하는 범인의 마음과 싸우는 사람들, 범죄
를 막을 책임과 사명감이 있는 사람들의 흥미진진한 이야기
를 펼칠 것이다.

2020년 7월

고준채

차례

2장

현장에서 답을 찾다

4장 범죄를 막는다는 것

1장

범죄심리학의 탄생

1 세기의

범죄

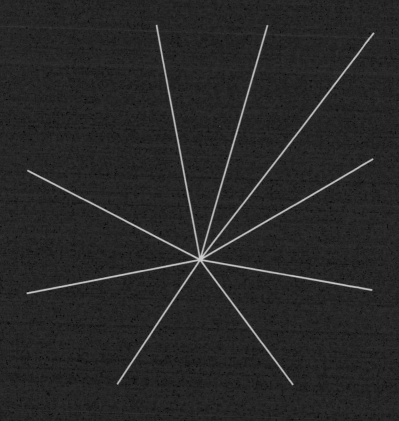

성경에는 아담과 하와가 하나님과의 약속을 어기고 선악과를 먹은 것이 인류 최초의 죄로 기록되어 있다. 아담과 하와는 그 벌로 에덴동산에서 쫓겨난다. 아담과 하와의 아들 카인은 하나님의 제사(祭司, 유대교에서 신전의 의식이나 전례를 맡아보는 사람)가 되기 위해 동생 아벨을 살해하는데, 이것이 인류 최초의 살인으로 꼽힌다.

자칭 '만물의 영장'이라는 말이 무색하게 인류의 역사는 폭력과 살인, 약탈과 전쟁으로 얼룩져 있다. 수렵·채집 시대부터 원시 인류는 돌이나 뼈, 나무토막을 사용해 다른 개체를 살해했고, 심지어 그 시체를 먹었다는 증거도 많이 발견된다.

국가가 탄생한 뒤로는 대규모 전쟁과 약탈이 수없이 일어났다. 기원전 12세기 아시리아의 왕 티그라트필레세르(Tiglath-Pileser) 1세는 정복 전쟁 중 수천 명을 살해했고, 기원전 4세기 그리스 페라이의 알렉산드로스(Alexandros)는 사람들을 산 채로 파묻고 개들에게 먹이로 던져 주었다. 11세기 1차 십자군 원정대는 헝가리인 4,000여 명을 학살했다. 네로(Nero) 황제 시대 로마인은 기독교인들의 몸에 타르를 발라 기둥에 묶고 날이 어두워지면 불을 붙여 살아 있는 횃불로 사용했고, 13세기 교황 인노켄티우스(Innocentius) 3세는 카타리파(Catharism)를 이단으로 선포하고 2만여 명을 학살했다. 이 모든 살인은 전쟁과 이단 배척이라는 이유로 처벌받지 않았다.

15

그렇다면 범죄라는 개념은 언제 등장했을까? 범죄의 개념은 시대와 문화에 따라 다르지만, 일반적으로 형벌을 과할 필요가 있는 불법적인 행위, 공동 생활의 존립과 기능 또는 법익을 침해하는 반사회적 행위를 뜻한다. 즉 범죄는 "형법이라는 법규로 형벌을 과할 수 있는 행위"라고 정의된다. 법이 없다면 범죄도 없는 셈이다. 이를 죄형법정주의라고 한다.

기원전 1750년경 고대 바빌로니아 왕조의 함무라비(Hammurabi)가 반포한 《함무라비 법전》에는 "이에는 이, 눈에는 눈"이라는 말이 실려 있다. 《함무라비 법전》은 인류 최초의 법전으로 꼽혔다. 그런데 최근 그보다 300년 앞선 《우르남무 법전》이 발견되었다. 《우르남무 법전》은 수메르의 도시국가인 우르의 3왕조를 연 우르-남무 시기(기원전 2115~기원전 2095)에 제정한 법령을 설형문자로 기록한 것이다. 점토판에 적힌 57개 항목 가운데 40여 개가 판독되었는데, "살인자와 절도범은 죽인다"와 같은 몇몇 조항은 《함무라비 법전》과 비슷하다. 기원전 2000년 무렵에도 살인이라는 '범죄'가 있었고, 범죄를 저지르면 형벌을 받은 것이다.

프랑스의 동화 작가 샤를 페로(Charles Perrault)의 〈푸른 수염(Barbe-Bleue)〉은 프랑스의 어느 귀족과 결혼한 아내들이 실종되는 이야기를 그린 동화다. 푸른 수염을 가진 그 귀족은 외출할 때마다 아내에게 열쇠를 주며 성안의 모든 방에 들어가도 되지만 복도 끝 방은 절대로 들어가지 말라고 당부한다. 하지만 궁금증을 참지 못한 아내들은 결국 복도 끝 방의 문을 열고, 이후 실종된다. 마지막으로 결혼한 아내도 열쇠를 받는다. 그녀 역시 푸른 수염 귀족이 외출한 사이 복도 끝 방의 문을 연다. 그리고 그 방에서 실종된 전처들의 시체를 발견한다. 성으로 돌아온 푸른 수염 귀족은 열쇠에 묻은 피를 보고 아내가 자신의 말을 어겼음을 알아차리고 살해하려 한다. 아내는 마지막 기도의 시간을 달라고 부탁하고, 마침 성에 찾아온 가족들에게 발견되어 살아남는다.

이 무시무시한 동화는 '최초의 연쇄살인범'으로 꼽히는 질 드레(Gilles de Rais) 남작을 모티브로 한 것이다. 프랑스의 귀족이었던 그는 사상 최악의 아동 학대자로, 자신에게 살해당하는 아이의 비명에 맞춰 아이들에게 노래를 부르게 했다.

그는 200~300명의 어린이를 자신의 성에서 무참히 살해했다. 재판에서 질 드레가 자백한 내용에 따르면, 그는 소년들에게 좋은 음식을 주고 깨끗하게 목욕시킨 다음 성에서 살게 했다. 얼굴에는 하얀 분을, 뺨에는 장미색 연지를, 입술에는 붉은 립스틱을 발라 여장을 시켰다. 그러다 자신의 방으로 불러 얼굴과 몸을 꼬집고 물어뜯으며 학대하다가 소년이 도망치려 하면 칼을 꺼내 살해하고 시체를 훼손했다.

시간이 흐르면서 성에 사람을 잡아먹는 악마가 산다는 소문이 퍼졌고, 살해당한 아이들의 부모들이 의혹을 품고 고소해 질 드레는 1440년 체포되었다. 성에서는 선명하게 남은 핏자국과 백골로 변한 소년들의 사체가 발견되었다. 재판 결과 질 드레는 소아 살해, 항마술, 신성 모독, 이단 등의 이유로 유죄 판결을 받아 전 재산을 몰수당하고 화형되었다.

질 드레는 15세기 영국과 프랑스의 백년전쟁을 승리로 이끈 인물로, 잔 다르크에 버금가는 영웅이었다. 나라를 위해 열심히 싸운 그는 신의 정의를 위해 앞장선 잔 다르크가 신의 구제를 받기는커녕 화형에 처해졌다는 사실에 절망감을 느끼고, 신의 존재를 부정하며 잔인한 범죄를 저질렀다고 고백했다. 질 드레의 고향인 프랑스 번데이에서는 지금도 엄마가 우는 아이를 달랠 때 "자꾸 울면 파란 수염의 부하인 악마가 데려간다"라고 말한다.

1888년 이스트엔드오브런던을 공포로 몰아넣은 사건이 일어났다. 그해 8월과 11월 사이 다섯 명의 여성이 목이 베여 살해되고, 그중 네 명의 시신이 잔인하게 훼손된 사건이다. 발생한 지 100년도 넘은 사건이지만 범죄심리분석가들의 관심은 여전하다. 연쇄살인 사건 최초로 전문가들이 범인 분석을 시도했고, 그 결과가 문서로 남아 있기 때문이다.

범인은 런던 〈센트럴뉴스에이전시〉에 자신의 범행은 계속될 것이라고 편지를 보내면서 '살인광 잭(Jack The Ripper)'이라는 서명을 사용했다. 그 후 경찰은 이 사건을 '살인광 잭 사건'이라고 불렀다. 당시 비슷한 유형의 범죄 사건들이 일어나고 협박 편지도 배달되었기 때문에 사람들의 공포심은 이루 말할 수 없었다.

살인광 잭의 마지막 소행으로 추정되는 다섯 번째 희생자는 신체 부위들이 절단된 가장 끔찍한 모습으로 발견되었다. 그제야 경찰은 범인이 의사일지 모른다고 추리했다. 다섯 번째 피해자를 부검한 토머스 본드(Thomas Bond) 박사는 말했다.

"범인은 냉정하고 대담하다. 주기적으로 살인 충동을 느끼거나 종교적인 집착이 있을 수 있다. 외로운 사람이며 자기만의 독특한 버릇이 있는 괴짜일 가능성이 있다. 존경받을 만한 사람들에게 둘러싸여 살고 있을 것이다."

이에 더해 한 법병리학자는 "범인은 인체 해부나 기타 과학적인 지식이 높은 사람일 가능성이 있다"라고 분석했다.

전문가들이 여러 정보를 제시했는데도 경찰은 끝내 범인을 잡지 못했다. 많은 전문가가 정신질환을 앓는 노숙자부터 빅토리아 여왕의 손자인 앨버트 빅터 왕자에 이르기까지 다양한 사람을 용의자로 지목해 수사했지만 이 사건은 아직도 해결되지 않고 있다.

지난 1988년 10월 미국에서 〈살인광 잭의 숨겨진 정체〉라는 텔레비전 프로그램이 방영되었다. 연쇄살인범이 처음 나타난 1888년으로부터 100년이 지난 시점에서 현대의 프로파일링 수사기법을 적용해 살인광 잭의 정체를 밝히는 내용이었다. 미국 연방수사국(Federal Bureau of Investigation, FBI) 행동과학부의 존 더글러스(John Douglas)와 로이 헤이즐우드(Roy Hazelwood)는 범인에 대해 다음과 같이 분석했다.

"시체 훼손 상태로 볼 때 살인광 잭에게는 정신적인 문제가 있다. 여성만을 피해자로 삼은 것으로 보아 여성에 대한 적개심이 크다. 시체 훼손은 여성에게서 두려움을 느끼고 싶지 않다는 심리의 표출이다. 피해자를 잔인하게 공격했다는 점에서 사회에 정서적으로 적응하지 못한 사람일 가능성이 크다. 범인은 반사회적인 행동에 대한 전과 기록이 있는 20대 중반에서 후반 사이의 상당히 머리가 좋은 사람이다."

모든 가능성을 고려한 결과 유력한 용의자는 1882년 런던으로 이주한 유대계 폴란드인 이발사 아론 코스민스키(Aaron Kosminski)로 꼽혔다. 당시 유일한 목격자도 그를 범인으로 지목했지만 증거가 없어서 풀려났다. 코스민스키는 런던의 정신병원에 입원했는데, 그 뒤 더는 살인광 잭 사건이 발생하지 않았다.

〈양들의 침묵〉 속 버펄로 빌

영화 〈양들의 침묵〉 속 연쇄살인범 '버펄로 빌'은 실제 연쇄살인범들의 특징을 모티브로 만들어진 캐릭터다. 사람의 피부를 벗겨 옷을 만들어 입었다는 설정은 악명 높은 연쇄살인범 에드 게인(에드워드 게인, Edward Gein)을 모티브로 한다. 1906년 위스콘신에서 태어난 게인은 어머니한테서 극도로 엄격한 교육을 받았다. 그의 어머니는 "여자는 나쁜 사람"이라고 강조했고, 게인이 여자 친구를 만나면 심한 벌을 주었다. 게인의 엽기적인 행위는 형과 어머니가 의문의 사고로 죽은 뒤 본격적으로 드러나기 시작했다.

게인은 시체 애호 범죄자였다. 그는 친구와 함께 공동묘지를 떠돌며 여성들의 시체를 파내 집으로 가져가곤 했다. 그러던 중 마을에서 한 여성이 실종되는 사건이 일어났고, 수사 결과 게인이 죽인 것으로 밝혀졌다. 그의 냉장고는 사람의 내장으로 꽉 차 있었고, 집 안에는 피부로 만든 전등갓과 의자 덮개, 두개골로 만든 수프 접시 등 시체로 만든 가구와 의류가 가득했다. 에드 게인이 체포되기 전까지 이웃들은 그가 선량한 주민인 줄만 알았기 때문에 큰 충격을 받았다. 게인은 조현병과 사이코패스로 판명받아 정신병원에 보내졌고, 1984년 78세에 감옥에서 사망했다.

여성들을 납치, 살해한다는 버펄로 빌의 설정은 그린리버 연쇄살인 사건의 게리 리언 리지웨이(Gary Leon Ridgway)를 모티브로 한다. 이 사건은 1982년부터 1984년 사이 그린리버에서 수많은 여성의 시신이 발견되면서 알려졌다. 범인은 총 마흔여덟 건의 살인을 저지른 것으로 밝혀졌다. 그는 1990년부터 1998년 사이에도 살인을 했는데, 너무 많은 여성을 살해해 정확한 숫자를 기억하지 못한다고 말했다. 피해자들은 주로 가출 청소년이거나 유흥업소 종사자였다. 소외된 계층의 여성들은 차에 태워 납치하기 쉽고 실종되어도 사회적으로 무관심해 제대로 수사가 이루어지지 않는 점을 노렸다고 한다.

당시 수사를 맡은 데이브 레이처트(Dave Reichert) 보안관은 밤낮없이 수사했는데도 범인의 단서를 찾지 못했다. 그러던 중 연쇄살인범 테드 번디(시어도어 로버트 번디, Theodore Robert Bundy)가 플로리다 교도소에서 편지를 보내왔다. 1974년부터 1978년까지 4년 사이에 미국 전역에서 미모의 젊은 여성 30명 이상을 살해한 범죄자인 번디는 잘생긴 외모와 지적인 말솜씨 때문에 언론에서 연쇄살인의 귀공자로 불렸고, 팬클럽이 생길 정도로 인기를 끌었다고 한다. 〈양들의 침묵〉 한니발 렉터의 지적인 모습은 번디를 모티브로 한다.

레이처트는 교도소에서 번디를 만나 연쇄살인범의 심리 이야기를 듣지만 여전히 수사의 실마리는 잡지 못한다. 그래도 레이처트는 끈질기게 추적했고, 유전자 분석 기술이 도입된 2001년 증거로 수집한 용의자들의 체모와 타액을 분석해 마침내 범인인 리지웨이를 잡아낸다.

린드버그 아들 납치 사건

수많은 연쇄살인이 있었는데도 현대 미국 역사에서 '세기의 재판(Trial of the Century)'이라고 부르는 사건은 '찰스 린드버그(Charles Lindbergh) 아들 납치 사건'이다.

1932년 3월 1일 밤 납치범은 뉴저지 호프웰에 있는 린드버그의 이층집에 사다리를 타고 침입해 생후 20개월 된 린드버그의 아들을 납치했다. 공군 장교였던 린드버그는 1927년에 무정지 단독 비행으로 대서양을 횡단하는 기록을 세워 미국의 영웅이자 세계적으로 유명한 사람이었다. 린드버그는 아이를 찾기 위해 납치범에게 수천만 달러를 주었고, 우수한 수사관들에게 수사를 의뢰했다. 하지만 아이는 72일 만에 시신으로 돌아왔고, 사건은 미궁에 빠졌다.

사건이 해결되지 못한 채 시간은 흘러갔고, 사건을 해결할 유일한 희망은 린드버그가 납치범에게 준 돈을 쓸 때까지 기다리는 것뿐이었다. 경찰과 린드버그는 납치범에게 돈을 줄 때 특별한 표시를 한 구권 지폐를 주었기 때문이다. 다행히 경찰의 예상은 적중했고, 사건 발생 2년이 지난 어느 날 주유소에서 표시가 된 돈을 사용했다는 신고가 접수되었다. 납치범은 아메리카 드림을 꿈꾸며 독일에서 이민 온 목수 브루노 리하르트 하우프트만(Bruno Richard Hauptmann)으로, 긴급 체포되었다. 체포된 하우프트만에게 "돈이 어디에서 생겼는지" 추궁하자 하우프트만은 "옛날 돈을 모으는 게 취미"라며 잡아뗐으나, 경찰이 하우프트만의 집을 수색해 헛간 벽에서 납치범에게 준 돈의 일부인 1만 4,000달러를 발견했다. 당시 하우프트만은 결혼해서 돌이 안 된 아들이 있었고 강도 전과가 있었으며, 범행에 사용한 사다리가 하우프트만 같은 목수나 만들 수 있는 정밀한 것이라고 판명되면서 경찰은 사건을 해결했다고 발표했다.

그러나 하우프트만은 같이 이민 온 친구가 독일로 떠나기 전에 잠시 맡긴 돈이라고 주장하며 범행을 부인했다. 하우프트만은 친구에게 약 7,000달러를 투자해 독일에서 사업을 하기로 했으나 독일로 간 친구가 사고로 사망해 그 돈을 날렸다고 생각했다. 마침 독일로 떠나기 전에 맡겨놓은 가방과 상자에서 1만 4,000달러를 발견해 헛간에 몰래 감춰두고 생활비로 사용했다고 진술했다. 경찰은 하우프트만이 범행을 부인했기 때문에 수사를 더욱 강화했지만 수사를 할수록 하우프트만이 범인이 아니라는 정황만 드러났다.

범행 당일 밤 하우프트만이 부인과 함께 집에 있었다는 이웃의 진술이 있었고, 아이의 몸값을 요구하는 편지의 필체와 하우프트만의 필체가 다르다는 필적 전문가의 감정 결과도 있었다. 몸값을 건네면서 납치범의 목소리를 들은 의사 역시 "하우프트만의 목소리와 납치범의 목소리가 같지 않은 것 같다"고 진술했다. 하지만 경찰은 필적 전문가와 의사를 다그치고 린드버그의 이웃 주민들에게 "유리한 진술을 하면 현상금을 줄 수도 있다"고 유혹해 "하우프트만이 납치범과 동일하다"는 진술을 받아 기소했다.

재판 결과 배심원들은 유죄를 인정했고, 법원은 1급 살인죄를 적용해 사형을 선고했다. 그러나 하우프트만은 계속 무죄를 주장했고, 전 세계의 관심이 집중된 사건이었기 때문에 당시 뉴욕과 뉴저지 지역에서 영향력 있는 신문이었던 〈이브닝저널〉이 하우프트만에게 "유죄를 인정하는 솔직한 고백을 〈이브닝저널〉을 통해 독점으로 하면 9만 달러를 주겠다"고 제안했다. 당시 9만 달러면 아내와 아들이 평생 돈 걱정 없이 살 수 있는 큰돈이었다. 하지만 하우프트만은 "내가 범인이 아닌데 어떻게 유죄를 인정하는가"라고 말하며 무죄를 주장했다.

그러자 당시 뉴저지 주지사였던 해럴드 호프먼(Harold G. Hoffman)은 납치한 아이의 몸값보다 두세 배 이상 많은 돈을 제시했는데도 거절한 것을 보면 무죄일 가능성이 크다고 판단해 개인적으로 친분이 있는 검사를 불러 비밀리에 사건을 재검토해달라고 요청했다. 사건을 재검토한 검사는 필적 감정 및 성문 분석 결과의 왜곡과 진술 조작 등 경찰의 무리한 수사 탓에 수사 결과를 믿을 수 없다고 보고했다.

특별검사의 재검토 결과를 보고받은 호프먼 주지사는 직접 하우프트만을 만났으며, 점점 더 범인이 아닐 수 있다는 확신이 들어 검찰과 경찰에 재수사를 지시했다. 하지만 검찰과 경찰은 오히려 호프먼 주지사에게 "만약 재수사를 하면 경찰과 검찰의 사기가 땅에 떨어지는 것은 물론 조직이 무너질 수 있다. 더구나 법정에서 증언한 많은 사람이 위증죄로 처벌받아야 하는 등 무리가 많다"고 하며 호프먼 주지사를 설득했다. 호프먼 주지사는 검찰과 경찰의 입장을 고려해야 했고, 다음번 선거에서 이기기 위해서도 독일인 이민자에게 분노하는 뉴저지 주민들의 여론을 무시할 수 없었다.

호프먼 주지사는 다시 교도소로 하우프트만을 찾아가 "유죄를 인정하면 무기징역으로 감형해주겠다"는 제안을 했으나, 하우프트만은 "유괴 사건의 범인으로 한 사람의 희생양이 필요하다. 그게 바로 나다. 나는 무죄다. 하지만 희생양이 필요하다면 감수하겠다"라고 말했고 결국 하우프트만은 사형에 처해졌다. 하우프트만은 사형 집행 전 최후 진술 기회에서도 무죄를 주장했다. 사형 집행으로 사건은 종결되었으나 하우프트만은 끝까지 자신의 무죄를 주장했기 때문에 아직도 이 사건의 실체적 진실은 밝혀지지 않았다. 미국 의회는 어린이 납치를 연방범죄로 규정하는 이른바 '린드버그법'을 통과

시켰다.

이 사건을 세기의 재판으로 꼽는 이유는 존 F. 케네디(John F. Keneddy) 암살 사건 못지않게 음모론의 단골 소재로 오늘날까지 회자되고 있기 때문이다. 동시에 과거 미국 경찰의 수사력이 얼마나 부실했는지를 보여주는 대표적인 사례로도 거론된다. 당시 사건을 해결하기 위해 경찰과 검찰은 온갖 무리수를 두면서 이민자 하우푸트만을 범인으로 몰아갔고, 미국 주민들은 하우푸트만이 범인으로 밝혀지자 외국인 이민자들을 비난했다. 이 같은 사회 분위기가 사건의 실체적 진실을 발견하는 데 악영향을 미쳤다. 그 때문에 90여 년이 지난 지금까지도 하우프트만은 진범이 아니라 억울한 누명을 쓴 희생자일 뿐이라는 주장이 나오고 있다.

애거사 크리스티(Agatha Christie)는 이 사건을 모티브로 《오리엔트 특급 살인(Murder on the Orient Express)》이라는 추리소설을 집필했다. 이 소설에서 유괴범은 피해자 가족에게서 빼앗은 돈으로 신분을 세탁하고 부자 행세를 하며 살지만, 아이의 유가족이 결국 유괴범을 찾아내 정의를 실현한다.

2 우리나라의
강력 범죄

우리나라 최초의 연쇄살인 기록은 정확하지는 않다. 다만 신문에 처음 기사가 실린 것은 1929년 여름 경기 고양과 서울 영등포에서 한 달 간격으로 발생한 남자 어린이 살인 사건이었다. 이 사건으로 당시 전국의 많은 부모와 어린이가 공포에 떨었다. 두 범행 장소의 거리는 멀었지만, 범행 수법과 피해 대상이 워낙 특이해 경찰은 동일범의 소행으로 확신했다. 경찰은 전국적으로 남자 어린이를 대상으로 한 변태 성욕 사례를 공개적으로 수사했다.

범인은 당시 39세의 이관규로 1년 만에 검거되었다. 그는 남자 어린이들을 대상으로 한 성추행 전과가 많은 '소아기호증적 성범죄자(pedophile)'였고 오직 남자 어린이에게만 성충동을 느끼는 '폐쇄형 소아기호증'이었다. 결혼해 자식이 다섯이나 있었지만 30대 후반부터 남자 어린이에 대한 동성애적 소아기호증이 드러나기 시작해 두 건의 살인 사건과 수십 건의 남아 성폭행 사건을 저질렀다.

이관규 사건 후 우리나라에서는 비교적 연쇄살인 사건이 일어나지 않았다. 아마도 일제 식민지배로부터 독립한 후 6·25 한국전쟁 등을 거치면서 사회적으로 혼란한 시기였기 때문에 신고되어 드러난 범죄가 없거나, 도시화가 늦어졌기 때문이 아닐까 생각한다. 그리고 윤리를 중시하는 우리 민족의 유교 문화도 연쇄살인 같은 잔인한 범죄가 일어나지 않는

데 기여했을 것이다.

1970년대에 이르자 우리나라에서도 연쇄살인 사건이 끊임없이 일어나기 시작했다. 1970년대 우리 사회는 급속한 경제 발전과 도시화로 사회 구조가 복잡해지고, 도시 인구가 급격하게 늘어나기 시작했다. 당시 한완상 서울대학교 사회학과 교수는 '퇴폐의 본질과 사회 구조'라는 강연회에서 "사회 변화 시기, 국민의 상승된 욕구와 현실 사이에서 탈선, 타산, 범죄 등의 공격적 반응과 마약, 알코올 등을 포함한 은둔, 퇴폐의 현상이 일어나는 것은 당연한 귀결이며, 어떤 목표를 달성하기 위해서는 수단과 방법을 가리지 않는다는 극단적인 증세까지도 부수되는 것"이라고 말했다. 그래서인지 1970년대 김대두 강도살인 사건을 시작으로 1980년대 화성연쇄살인사건, 1990년대 부유층을 납치 살해한 지존파 사건, 2000년대 성적 쾌락을 목적으로 하는 유영철, 정남규, 강호순 연쇄살인 사건 등 수 많은 연쇄살인 범죄가 발생했다.

화성연쇄살인사건

그중에서도 결코 해결되지 않을 것만 같았던 화성연쇄살인 사건은 발생 33년 만인 지난 2019년 9월 범인을 검거해 극적으로 해결됐다. 최근 과학수사의 발전과 재심 관련 재수사 등으로 미제 사건들이 속속 해결되고 있지만, 화성연쇄살인사건만큼은 국민적 관심이 가장 높은 미제 사건이면서도 영화 〈살인의 추억〉에서처럼 영영 해결되지 않을 것만 같았다. 그러나 사건의 공소시효가 만료되고도 10여 년에 걸친 노력 끝에 범인을 검거했다. 단 한 건의 미제 사건도 용납하지 않고 끝끼지 수사하는 우리나라 경찰 수사의 끈기를 보여준 사건이라 할 수 있다.

화성연쇄살인사건은 1986년 9월 15일부터 1991년 4월 3일까지 경기 남부 지역 수원과 화성에서 발생한 열 건의 미해결 살인 사건을 말한다. 수사 당시 동일범에 의한 연쇄살인 사건인지 아니면 당시 유일하게 해결했다고 했던 8차 사건처럼 모방범죄가 포함된 각각의 사건인지조차 구분하기 어려웠다. 이 사건은 2006년 4월 공소시효 만료까지 범인이 잡히지 않아 우리나라 최고의 미해결 연쇄살인 사건으로 불렀다. 당시 모방범죄로 해결된 8차 사건을 제외하고 화성연쇄살인사건의 공소시효는 범행 당시의 형사소송법에 따라 범행 후 15년이 지난 2001년 9월 14일부터 2006년 4월 2일 사이에 모두 만료되었다.

화성연쇄살인사건은 여중생에서부터 70대 할머니까지 나이를 가리지 않고 여성들을 대상으로 일어났기 때문에 국민의 공포와 두려움은 이루 말할 수 없었다. 영화의 소재가 될 만큼 관심도 많았다. 사건에 대한 대중매체의 지나친 관심에 경찰도 수사에 부담을 갖게 되었고, 빠른 시간 안에 범인을 검거하겠다는 욕심에 무리한 수사로 연쇄살인 사건과 관계없는 혐의로 검거한 범죄자도 많았다. 그중 용의자로 조사를 받던 중 절도혐의가 밝혀져 구속되었다가 자백을 받으려던 일부 형사들의 가혹행위 끝에 사망한 용의자도 있었다. 이렇게 경찰과 국민에게 가슴 아픈 기억으로 남은 화성연쇄살인사건은 2019년 9월 사건 발생 33년 만에 과학수사로 범인을 검거했고, 그해 12월 사건 명칭을 '화성연쇄살인사건'에서 범인의 이름을 붙여 '이춘재 연쇄살인사건'으로 변경했다. 그리고 모방범죄로 밝혀진 8차 살인 사건도 이춘재가 자신의 범행이라고 자백하면서 억울하게 20여 년을 복역한 당시 범인에 대한 재심 재판이 이루어졌고 무죄가 선고되었다.

이춘재는 사건 발생 당시 20대 중반으로 화성에 살았고, 경찰에서 용의자로 세 차례 조사를 받았으나 그때마다 수사 대상에서 제외되었다. 당시 범행 현장에서 발견된 범인 유전자의 국립과학수사연구소 혈액형 검사 결과는 B형이었는데 이춘재의 혈액형은 O형이었다고 한다. 이춘재가 처음 조사를 받은 것은 6차 사건 이후인 1987년으로, 탐문과 행적 조사 등을 통해 용의자로 지목되었으나, 혈액형과 발자국이 달랐기 때문에 수사 선상에서 제외되었다. 8차 사건과 10차 사건 이후에도 두 차례나 추가 조사를 했으나 결정적으로 혈액형이 달라서 풀려났다고 한다. 그러나 2019년 국립과학수사연구원이 9차 사건 증거물에서 발견한 범인의 유전자 혈액형이 O형으로 나타났다. 1990년에는 DNA 분석기법이 발달하지 않아 오류가 났던 것이다. 이처럼 과학수사는 사건을 해결하는 데 중요한 역할을 하지만 과학수사의 실수는 억울한 피해자를 만들기도 한다. 다시 한번 과학수사의 중요성을 알리는 사건이라고 할 수 있다.

2020년 12월 13일 조두순이 출소한다

청와대 국민청원 사이트에 '조두순'으로 검색되는 글은 모두 6,800건(2020년 6월 기준)이 넘는다. '조두순의 석방을 막아달라'는 청원에는 60만 명 이상이 동의했다. 당시 청와대 민정수석은 '일사부재리 원칙(형사소송법상 판결이 확정된 사건에 대해 다시 공소를 제기할 수 없다)'에 따라 불가능하다고 답변했다. 그러나 같은 내용의 청원은 아직도 계속되고 있다.

'조두순 사건'은 범인 조두순이 2008년 12월 11일 아침, 술에 취해 안산의 어느 교회 앞에서 근처 초등학교에 가던 피해자(여, 8세)에게 접근해 교회에 다녀야 한다면서 교회 안 화장실로 끌고 가 폭행하고 목을 졸라 기절시킨 후 강간해 최소 8주 이상의 치료를 요하는 복부, 하배부 및 골반 부위의 외상성 절단의 영구적 상해 및 비골골절상 등을 가한 사건이다. 피해자는 대장을 비롯한 장기가 몸 밖으로 쏟아져 나왔고, 항문도 파열됐다. 응급수술을 했지만, 결국 손상이 심한 대장을 다 잘라내고 항문을 막았다. 그리고 배변 주머니를 소장에 직접 연결해 피해자는 평생 배변 주머니를 달고 살아야 한다. 이 범죄로 조두순은 징역 12년에 신상정보 5년간 열람 및 7년 동안의 위치추적 전자장치 부착을 선고받았다.

2009년 1월 9일 강간상해죄로 기소된 조두순은 3월 4일 무기징역형을 구형받았으나 3월 27일 1심 판결에서 심신미약이 인정되어 징역 12년을 선고받는다. 3월 30일, 담당 검사는 항소하지 않았고, 조두순은 "형량이 너무 무겁다"며 항소했으나 7월 24일 항소심이 기각되고, 27일 다시 상고했으나 9월 24일 상고 역시 기각되었다. 조두순은 청송 제2교도소를 거쳐 현재 포항교도소에 수감 중이며, 2020년 12월 13일 출소했다.

조두순의 사건은 항소심이 기각되면서 사람들에게 알려졌고, 2009년 9월 22일에 방송된 KBS의 사회 고발 프로그램 〈시사기획 쌈〉의 '전자발찌 1년-내 아이는 안전한가?' 편과

〈9시 뉴스〉 등 많은 언론이 문제를 제기하고 사건 관련 자료가 인터넷에 퍼지면서 전 국민의 분노를 샀다.

논란이 되는 것은 당시 검사가 조두순에 대해 〈성폭력범죄의처벌및피해자보호등에관한법률〉이 아닌, 일반 형법의 강간상해 · 치상죄를 적용해 기소했다는 것이다. 일반 형법상 강간상해 · 치상죄는 무기징역 또는 5년 이상의 징역이지만, 〈성폭력범죄의처벌및피해자보호등에관한법률〉 제9조(강간 등 상해 · 치상)는 무기징역 또는 7년 이상의 징역으로 더 중하게 처벌할 수 있다.

그런데 검사는 조두순을 기소할 때 일반 형법을 적용했고, 조두순은 1심에서 12년 형을 선고받았다. 판결 시 유기징역의 경우 원칙적으로 15년을 상한으로 하며, 법률상 가중 사유가 있다면 25년까지 가중할 수 있다. 하지만 유기징역의 경우 심신미약의 필요적 감경 사유에 따라 절반을 감경할 수 있다. 그 후 법원에 검찰이 항소하지 않고 피고만 항소 또는 상고하게 되는 경우, 불이익 변경 금지의 원칙에 의해 1차 법원에서 판결된 형량보다 많은 형량을 판결할 수 없다. 1심 법원에서 12년이 선고되었고 검사의 불복이 없었으므로 죄형법정주의 원칙에 따라 고등법원과 대법원은 법의 한도를 벗어나 판결할 수 없었다. 검찰은 일반 형법을 적용해 기소한 것과 항소를 포기한 점에 잘못이 있었음을 국정감사에서 인정했고, 법원 또한 이와 관련해 "법정 최고형은 무기징역이지만 강간치사죄에 대해서도 무기징역이 내려진 적이 없다. 12년형이면 죄질이 나쁜 살인죄와 거의 동일한 형량이다"라고 해명했으나 전 국민은 분노했다.

사건이 알려지자 국회, 여성부, 국가인권위원회 홈페이지에는 아동성범죄 처벌을 강화해야 한다는 제안이 끊이지 않았다. 또 법정최고형과 강력한 처벌을 요구하는 인터넷 청원과 피해 보상을 요구하는 청원이 빗발쳤다. 이에 대해 당시 이명박 대통령도 국무회의 석상에서 "법에서 판단한 내용에 대해 문제를 제기하는 것은 쉽지 않다는 사실을 알지만, 그런 사람들은 평생 격리시키는 것이 마땅하지 않나 하는 생각까지 할 정도로 마음이 참담하다"고 했다.

12년 형은 선고 당시 판사가 성범죄자에게 적용할 수 있는 상당히 무거운 형을 선고한 것이었다. 그 때문에 검사도 상고할 이유가 없었지만, 아쉬운 것은 12년으로 감형된 결정적 사유가 "심신장애로 인해 사물을 변별할 능력이 없거나 의사를 결정할 능력이 없는 자의 행위는 벌하지 아니하거나, 심신장애로 인해 전항의 능력이 미약한 자의 행위는 형을 감경한다"라는 형법 제10조 제2항의 감형 규정 때문이라는 것이다. 조두순은 나이가 고령(당시 56세)이며 술을 먹은 상태에서 범죄를 했기 때문에 '심신미약'을 주장했고, 법원이 이를 받아들여 "그 형기의 2분의 1로 한다"는 형법 제55조 제1항 제3호를 적용한 것이다.

조두순은 이미 아동 성폭행 전과가 있고, 범행 후 증거 인멸을 위해 치밀한 행동을 한 점을 들어 심신미약을 적용해 감형하는 것이 부적절하다는 주장이 아직도 제기되고 있다. 당시 판결을 담당한 판사는 2018년 조두순의 출소가 3년 남은 것과 관련해 논란이 되자 〈조선일보〉와의 인터뷰(2018년 11월 27일)에서 조두순의 형량에 관해 "당시 일반적인 판례보다 두세 배 무거운 형량이었던 건 사실이다. 그러나 수사 단계에서 심신미약이 인정되었고, 수사 단계에서 심신미약이 인정되면 재판부로서는 방법이 없다"고 했다. 당시 법체계에서는 심신미약이 인정되면 무조건 감형해야 했다. 무기징역을 받아야 할 피고인이 심신미약 사유로 감형 요인이 발생하면, 7년 이상 15년 이하의 실형을 선고할 수밖에 없다. 사건 당시 양형 기준으로 권고형량은 최대 11년 형이었다. 조두순이 받은 징역 12년 형은 이보다 다소 무거운 형량이다.

조두순의 심신미약에 대해 판사는 "정신이 없던 사람(심신미약)이다. 보호관찰소 정신감정에 따르면 사건 당시 조두순이 만취해서 '정신이 없었다'는 결과가 나왔다. 하지만 이와 별개로 법조인으로서 주취 감경은 구시대의 나쁜 유산이라 생각한다. 산업화 과정에서 음주가 잦다 보니 '술 마시고 사고 좀 칠 수 있다'는 의식이 관례처럼 굳어진 것이다. 주취 감경은 이제 사라져야 한다"라고 했다.

조두순 사건 이후 대법원 양형위원회는 주취 감경을 양형 감경 요소에서 제외했다. 또 심신미약이 인정되더라도 성폭행을 저질렀을 땐 감형하지 않도록 했다.

대검찰청 집계에 따르면 지난 2017년 한 해 발생한 아동 성폭력 범죄는 총 9,349건이다. 하루 26명의 아동이 피해를 입는다. 하루 초등학교 한 학급만큼의 아이들이 성범죄 피해를 입는 셈이다. 그러나 아직도 가해자의 45.5퍼센트는 집행유예 등 가벼운 처벌만을 받는 것으로 드러났다.

디지털 범죄의 진화

우리나라는 1990년대 초부터 각 가정에 인터넷이 보급되기 시작했다. 당시에는 전화선 모뎀에 의존했기 때문에 사진 한 장 다운로드하는 데 몇 시간이 걸리기도 했다. 그러나 1990년 대 말에는 ADSL이라는 디지털 기반의 혁신적인 통신 방식이 개발되면서 대한민국은 세계 최고의 인터넷 보급률을 자랑하는 나라가 되었다. 그러나 IT 기술의 급속한 발전은 디지털 범죄라는 심각한 부작용을 낳기도 했다.

1990년대 말 어느 연예인의 사적인 비디오 영상이 디지털 파일로 변환되어 인터넷망을 통해 불법적으로 퍼진 사건이 대표적이다. 물론 인터넷이 발달하기 전에도 비슷한 사건이 있었겠지만, 그때는 불법 복제 비디오테이프를 통해 은밀하게 손에서 손으로 전해졌기 때문에 말 그대로 겉으로 드러나지 않은 채 사람들이 잘 모르게 이루어졌다. 그러나 IT 기술의 발달로 누구나 불법적인 영상을 디지털 파일로 변환시켜 인터넷에 퍼트린다면 정보통신 네트워크를 통해 순식간에 전 세계로 퍼져나갈 수 있게 된 것이다.

그 후 인터넷에서는 몰카(몰래카메라)라는 이름의 불법적인 개인 촬영 영상이 문제가 되었고, 사이버범죄(cyber crime)라는 용어도 생겨났다. 사이버범죄는 일반 범죄와 달리 짧은 시간에 불특정 다수에게 퍼져 많은 악영향을 끼치고, 사이버 공간이라는 특성상 정보 발신자를 특정하기 어려우며, 전자 정보의 증거 인멸 및 수정이 간단해 수사와 예방이 어렵다는 특성이 있다. 이에 경찰청에서는 1997년 '컴퓨터범죄수사팀'을 창설했고, 2000년 사이버테러대응센터로 확대·개편했다. 현재는 사이버안전국에 사이버수사요원만 전국에 1,500여 명 이상 근무하고 있다.

그러나 '뛰는 놈 위에 나는 놈'이라고 과학기술의 발전에 따른 사이버범죄는 항상 최신 기술을 타고 앞서나가고 있다.

바로 'n번방', '박사방' 등의 텔레그램 성착취물 제작 및 유포 사건이다.

텔레그램 성착취물 제작 및 유포 사건은 2019년 2월부터 수십 명의 여성을 협박해 성착취 영상물을 찍게 하고, 이를 텔레그램을 통해 거래한 디지털 성범죄 사건이다. 특히 박사방의 경우 공식적으로 알려진 피해 여성 74명 중 16명이 미성년자라는 사실이 알려지며 나라 전체가 큰 충격을 받았다. 사이버 성착취 범죄의 특성은 가해자가 피해자를 지속적으로 착취하고, 유료화를 통한 범죄 수익 창출로 기업화되거나 다수가 역할을 나누어 조직화하는 등 새로운 양상을 보였다는 것이다. 경찰 수사가 신속하게 진행되어 2020년 3월 중순 '박사방' 운영자 조주빈이 검거되었다. 청와대 국민청원 게시판에 올라 있는 '텔레그램 n번방 가입자 전원의 신상 공개를 원합니다'라는 청원에는 202만여 명이 참여했다.

소셜네트워크서비스(SNS)가 발달하기 전에는 불법 영상물을 인터넷에 올리면 다수의 사람이 일방향으로 전달받는 구조였다. 반면 SNS를 기반으로 한 집단 성착취 범죄는 텔레그램이라는 양방향 채널에 모인 수많은 참가자가 원하는 바를 요구하고 전달할 수 있다는 점에서 참가자 모두 직접적인 가해자가 된다. 디지털 성범죄가 범죄 플랫폼 형태로 진화한 것이다. 이 때문에 국민들이 가입자 전원의 처벌을 요구하는 것이다.

법원은 '디지털성범죄'에 대해 피해자의 나이와 무관하게 〈성폭력범죄의처벌등에관한특례법(성폭력처벌법)〉 제14조의 '카메라 등 이용 촬영' 혐의를 적용해왔다. 이 경우 최대 징역 5년, 벌금 3,000만 원 이하의 처벌에 그친다. 그러나 이 사건 이후 '디지털성범죄'에 대한 대법원 양형위원회가 미성년자 성착취물 촬영 및 유포 범죄와 관련해 피해자의 연령에 따라 가중처벌하는 방안을 검토했고, 〈아동·청소년의성보호에관한법률(청소년성보호법)〉 제11조를 적용해 청소년 성착취물 제작자에 대해 무기징역, 영리목적 유포자는 징역 10년, 단순 유포자도 징역 7년까지 벌할 수 있다고 명시했다.

경찰청 자료에 따르면 성범죄 피해자 중 13세 미만 아동의 비율이 증가하고 있는 것으로 파악되었다. 2016년부터 2018년까지 3년간 아동 대상 성범죄는 약 17.9퍼센트 증가했다. 2016년 1,083건이 발생했고 2017년에는 1,261건, 2018년에는 1,277건으로 해마다 아동성범죄의 발생 빈도가 높아졌다. 13세는 성관계 동의 여부와 관계없이 처벌하는 '의제강간'의 기준 연령이다. 법무부는 아동·청소년 보호를 강화한다는 차원에서 기준 연령을 기존의 13세에서 16세로 상향하는 방안을 추진했고, 정부는 국무총리 주재로 개최한 국정현안점검조정회의에서 '4·23 디지털 성범죄 근절대책'을 마련했다.

'처벌은 무겁게, 보호는 철저하게'를 신조로 마련한 정부 대책안의 주요 내용은 '아동·청소년 이용 성착취물 범죄 처벌 상향', '양형기준 마련', '독립 몰수제 도입'과 '온라인 그루밍 처벌' 신설, '미성년자 의제강간 연령 기준 상향', '잠입수사'기획, '신고포상금제', 그리고 인터넷 사업자에 대한 '징벌적 과징금제 도입' 등이다.

종전 대책들이 불법촬영 등 범죄 수단에 따른 타깃형 대책이었던 것과 달리, 이번 대책은 신종 범죄에 대한 사각지대가 없도록 디지털 성범죄 전반을 포괄하는 종합 대책으로 마련했다.

그러나 이미 인터넷은 성범죄뿐 아니라 다양한 면에서 범죄의 수단으로 악용되고 있다. 피싱, 랜섬웨어, 해킹, 개인정보 탈취와 악용 등이 인터넷의 발달과 함께 사회적 문제가 되었다. 그리고 AI(인공지능) 기술의 발전에 따라 이미 인터넷상에서 문제가 되는 딥페이크(합성·편집물) 기술을 활용한 범죄도 늘어날 것이다. 현재는 유명인의 얼굴을 합성한 포르노 영상물 제작 등에 그치고 있지만 전문가들은 향후 딥페이크 기술이 발전함에 따라 가족을 가장한 전화통화 또는 영상통화를 이용한 피싱 범죄가 등장할 수도 있다고 경고한다.

수사기관은 텔레그램 성착취물 제작 및 유포 사건과 같이 새로운 양상의 범죄가 디지털 플랫폼 위에서 발생하는 상황에 대해 본격적인 대응 체계를 갖추어야 한다. 디지털 플랫폼에서 발생하는 범죄에 대응하기 위해 디지털 범죄를 수사하고 증거를 확보하는 디지털포렌식 기술을 발전시키는 것, 디지털 범죄에 대한 처벌 기준을 마련하는 것 등이 절실하다.

3 범인의 마음을
읽다

범죄란 쉽게 말해 다른 사람과 공익에 피해를 주는 행위로 정의한다. 보통 형법에서 개인에게 금지된 행위를 생각하면 쉽게 이해할 수 있지만, 조금 더 자세하고 정확한 정의는 학자마다 그리고 적용하는 이론 및 시대에 따라 달라 현대 범죄에 대한 정의는 명확하게 내릴 수 없다. 사전적 의미로서의 범죄란 단순히 법으로 금지된 '나쁜 행위'를 의미하지만, '무엇이 나쁜가? 그것이 왜 나쁜가? 그 기준은 무엇인가?'라는 질문에 쉽게 답하기는 어렵다.

오늘날의 범죄는 크게 형식적 범죄 개념과 실질적 범죄 개념으로 나누어 설명할 수 있다. 형식적 범죄 개념이란 이미 제정되어 있는 형법에 따라 범죄의 개념을 파악하는 것으로, 형법에 따라 형벌을 과하고 있는 행위를 의미한다. 이에 따르면 '법률의 구성 요건에 해당하고 위법하며 책임이 있는 행위'를 범죄로 규정한다.

실질적 범죄 개념이란 실제 어떤 행위가 범죄인가, 즉 그 사회공동체가 반드시 형벌을 통해 제재를 가해야 하는 행위에는 어떤 것이 있는가를 파악하고자 하는 개념이다. 이는 결국 사회적으로 해가 되거나 법익을 침해하는 반사회적 행위를 범죄라고 보는 것이다. 실질적 범죄 개념은 형식적 범죄 개념보다 근원적으로 접근하기 때문에 한 나라의 형사 정책에 기준점을 제시한다.

시대에 따라 문화가 변하기 때문에 과거에 범죄였던 것이 지금은 범죄가 아닐 수도 있고, 반면 범죄가 아니었던 것이 범죄가 되기도 한다. 그래서 범죄의 발생과 그 원인, 그리고 대책을 탐구하는 범죄학(criminology)은 사회학, 심리학, 법학 등의 다양한 학문 분야에서 접근한다. 미국의 범죄학자 로널드 에이커스(Ronald Akers)는 범죄학의 연구 분야에 대해 법의 제정과 집행을 연구하는 분야와 범죄의 원인을 연구하는 분야, 범죄 대책을 연구하는 분야로 나누었다. 범죄의 원인을 연구하는 분야가 가장 중요해서 보통 범죄학이라고 하면 범죄의 원인을 연구하는 학문이라고 할 수 있다.

범죄심리학

범죄심리학(criminal psychology)은 범죄자의 심리적 측면을 다루는 학문이다. 원래 심리학은 인간의 행동과 정신 과정을 연구하는 학문이기 때문에 범죄심리학은 범죄 행동 또는 범죄 행위의 심리학이라고 지칭할 수 있다. 따라서 범죄심리학은 범죄의 원인을 주로 미시적, 개인적, 유전적, 선천적으로 본다. 이는 범죄 원인을 주로 거시적, 사회적, 환경적, 후천적으로 접근하는 범죄학과는 차이가 있다. 좁은 의미로 보면 범죄

심리학은 범죄 원인론에 해당하지만, 넓은 의미로 보면 범죄 원인론 외에도 범죄 수사, 재판 과정, 교정 및 범죄 예측 등 다양한 분야와 연계되어 연구 및 응용되고 있다.

범죄심리학이라는 용어를 처음 사용한 학자는 기억에 대한 망각곡선으로 유명한 독일의 헤르만 에빙하우스(Hermann Ebbinghaus)이다. 그는 《범죄심리학 개요(Outline of Criminal Psychology)》에서 기억에 대해 선구적인 연구를 수행했다. 이후 데이비드 스턴(David Stern)은 1901년 학생들을 대상으로 기억에 관해 연구한 것을 바탕으로, 1903년 법정에서 목격자 증언의 문제점을 지적했다. 스턴은 회상된 기억들은 일반적으로 부정확하며, 그림을 본 시간과 그것을 회상하도록 요구한 시간의 간격이 클수록 기억의 오류는 더 증가한다고 주장했다. 특히 실험자가 피험자에게 유도 질문을 한 경우 잘못된 정보를 회상하는 정도가 크게 나타났다고 결론을 내렸다. 이로써 심리학적인 지식을 형사사법 분야에 적용할 수 있다는 가능성이 제시되었다.

그런데도 법은 지각, 인지, 기억, 추측, 불확실성에서의 판단 등 인간의 여러 특성에 관한 현대의 심리적 연구를 거의 반영하지 않고 있다. 미국 연방대법원 대법관이었던 올리버 웬들 홈스(Oliver Wendell Holmes)가 《보통법(The Common Law)》에서 "법은 고착된 논리가 아니라 경험"이라고 지적했

듯이 범죄를 다루는 법학의 영역에서도 점차 심리학적 지식의 필요성이 꾸준히 증가했다. 최근에는 법정심리학(forensic psychology), 법심리학(legal psychology) 등 형사 및 민사 분야를 포함한 사법 시스템 전반에 걸친 심리학의 전문적인 실무 적용이 활발하게 진행되고 있다.

범죄 행위를 분석하는 데 쓰는 이론들

범죄심리학을 연구하기 위해서는 심리학 외에도 사회학, 생물학 등의 이론을 적용해 범죄 현상과 범죄자의 범죄 동기와 행동을 이해해야 한다.

범죄 행위를 설명하는 데 적용되는 주요 이론으로는 정신분석이론, 성격이론, 사회학적이론, 그리고 사회인지이론 등이 있다.

지그문트 프로이트(Sigmund Freud)의 정신분석이론은 인간의 정신 구조가 의식, 전의식, 무의식으로 이루어져 있으며 성격 구조는 원초아(id), 자아(ego), 초자아(superego)로 이루어져 있다고 본다. 정신분석이론에 따르면 원초아는 본능과 쾌락에 따라 즉각적인 만족에 중점을 두고 있고, 마음 깊은 곳에 있어 접근하기 어렵다. 자아는 현실 원칙에 따라 원초아의 욕구를 사회에 합법적인 행동으로 나타나도록 조절하는 부분이고, 초자아는 사회의 도덕적인 가치와 이상에 따라 원초아의 욕구를 억제하고 도덕 원칙에 따른다. 자아와 초자아는 아동기와 청소년기에 부모와의 관계 형성에 따라 발달한다. 어린 시절의 불행한 경험이 해결되지 않은 채 무의식 속에 남아 있게 되면, 자아와 초자아가 제대로 발달하지 못해 결국 원초아의 욕구를 적절하게 억제하지 못하고 반사회적인 행동으로 이어진다.

성격이론은 성격을 내·외향성, 신경증, 정신증의 세 가지로 나누는데 한스 아이젠크(Hans Eysenk)의 이론을 기반으로 하고 있다. 내·외향성은 중추신경계의 영향을 받는데 외향적인 사람일수록 내재된 각성 수준이 낮아 외부 자극을 추구하는 경향이 있다. 신경증은 말초신경계의 영향을 받는데, 신경증이 높은 사람은 정서적으로 불안하고 쉽게 흥분하며 스트레스를 많이 받는다. 또 정신증이 높은 사람은 자기중심적이고 타인에 대한 감정이 부족하며 공격적이고 비사회적인 특징을 보인다. 따라서 아이젠크는 세 요소(외향적, 신경증과 정신증이 높은)가 많을수록 범죄 행동을 할 가능성이 큰 것으로 보았다.

사회학적이론은 범죄 행동을 사회구조이론과 사회과정이론으로 나누어 개인적인 특성이 아닌 가정과 같은 사회적 환경으로 설명했다. 사회구조이론은 사회적 계층이나 살고 있는 지역과 같은 사회적 환경에 의해 범죄 행동이 일어난다고 설명하면서 경제적으로 어려운 하류 계층이 생계를 위해 절도를 하는 등 범죄자가 된다고 보았다. 사회과정이론은 사회 구성원이 범죄자가 되는 과정에 초점을 맞추어 똑같은 사회 구조 속에서도 모든 사람이 범죄자가 되는 것은 아니라고 주장했다. 이 관점은 세부적으로 사회학습이론, 사회통제이론, 그리고 낙인이론(labeling theory)으로 나뉜다.

사회학습이론에서 보상은 행동의 빈도를 증가시키고, 처벌은 행동의 빈도를 감소시킨다는 행동주의이론에 기초한다. 즉 범죄 행위를 통해 이득을 얻으면 범죄 행위가 강화되고, 처벌을 받으면 범죄 행위가 감소한다는 것이다. 이와 같은 이론에서 출발해 앨버트 밴듀라(Albert Bandura)는 인간은 타인을 관찰함으로써 행동이 변화하고 학습을 한다고 설명하며, 인간의 공격성 또한 타인을 관찰해 학습되는 역할 모방 과정을 거쳐 나타난다고 했다. 타인의 행동에 따른 보상을 관찰하면 자신도 그러한 행동을 하게 된다는 것인데, '자식은 부모의 거울이다'라는 말처럼, 부모나 친구 등 주변 사람에게서 영향을 받을 뿐 아니라 텔레비전, 인터넷 등에서 폭력물을 시청해도 공격성 등 행동의 변화가 나타난다고 보았다. 사회통제이론은 모든 사람에게는 범죄를 저지를 잠재적 가능성이 있지만, 사회적으로 강한 유대감이 이를 통제하다가 유대감이 약해졌을 때 범죄를 저지른다고 본다. 낙인이론은 사회가 구성원에게 범죄자라는 낙인을 찍음으로써 범죄자가 생긴다고 주장한다.

사회인지이론은 인간의 인지 과정으로 범죄 행동의 원인을 설명한다. 이에 따르면 범죄자들은 사회적 정보를 처리하는 과정에서 이를 왜곡해 폭력적이고 공격적인 행동을 보인다. 예를 들어 길을 가다가 어깨가 부딪히면 일반인들은 길이 좁고 사람들이 많아서 부딪쳤을 것이라고 생각하지만, 폭력 성향이 높은 범죄자는 자신에게 시비를 건다고 생각해 싸움을 걸게 된다는 것이다.

한편 범죄 행동에 대한 생물학적 이론은 자신이 통제할 수 없는 신체적 특징, 뇌와 호르몬, 유전의 영향 등에 의해 범죄가 결정된다고 보았다. 1800년대 이탈리아의 범죄학자인 체사레 롬브로소(Cesare Lombroso)는 범죄자의 두개골, 신체적 특징은 원시 시대의 야만인과 비슷하며, 범죄자는 태어날 때부터 범죄자로 타고난다는 '생래적 범죄인설'을 발표했다. 이러한 주장은 실증적인 방법론의 한계로 많은 비판을 받았으나, 범죄자의 유형을 분류한 최초의 연구로 범죄학의 시초가 되었다.

또한 생물학적 이론은 범죄 행동이 유전의 결과라고 보

고 20세기 초 쌍생아 연구를 실시해 범죄 행동을 유전과 연결해 설명했지만, 인간의 환경적 요인을 배제하기 어렵고 연구된 표본의 수가 적다는 비판을 받았다.

4 범인의 윤곽을 그리는
프로파일링

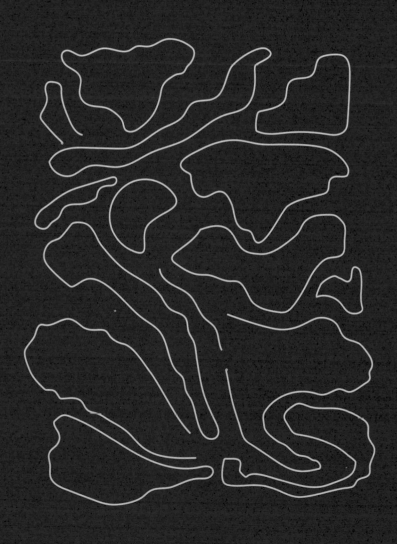

사전적 의미로, 프로파일은 윤곽을 그리는 것이고, 프로파일링은 윤곽을 그릴 수 있는 자료를 수집하는 것이라고 할 수 있다. 즉 어떤 대상의 가장 두드러진 특징을 간단하게 설명하고 구분하는 것이라고 볼 수 있다. 프로파일링의 목적은 어떤 사람의 심리와 행동 특성을 분석해 특정한 상황에서의 행동을 예상하는 것과 그런 행동을 하는 집단을 분류하는 것이다. 프로파일링은 여러 분야에서 활용된다. 예를 들어 상품을 판매하는 회사에서는 프로파일링을 통해 특정 소비자 계층을 분류하고, 그들이 관심을 갖는 상품을 개발해 이익을 얻을 수 있다.

프로파일러는 셜록 홈스가 아니다

프로파일링을 범죄 수사에 적용해 범인을 검거하고 범죄자를 분류하는 수사 기법을 프로파일링 수사 기법이라 하고, 프로파일링 수사 기법을 전문적으로 하는 수사관을 프로파일러라고 한다. 프로파일링 수사 기법의 정의는 다양하다. '수사 지원의 수단으로서 범행 분석을 기초로 삼아 범인의 인격적 특징과 행동의 특징을 추정하는 것', '개인의 특출한 심리학적·행동적인 성격 특질을 묘사하는 것', '매우 유사한 범죄를 저지른 사람들이 거의 비슷한 성격 특질을 가진 사람들일 것이라는 가정에 초점을 둔 것', '인물의 특성 분석에 기초한 범죄자의 묘사를 가능케 하는 시도', '범죄 현장, 피해자 그리고 다른 수집 가능한 증거들에 대한 아주 상세한 평가를 토대로 알려지지 않은 범죄자의 묘사를 추정해 경찰 수사를 지원하는 것' 등이다.

그러나 일반인들이 생각하는 프로파일러는 과거 탐정소설 속 주인공이었던 '셜록 홈스'다. 지금도 영화나 드라마 속의 프로파일러가 명석한 두뇌와 냉철한 판단력은 물론 범죄자를 찾아내는 초감각적인 능력을 바탕으로 범죄 현장에 나타난 범인의 흔적을 통해 성격과 행동 특성을 수집해 예상 밖의 범인을 검거하는 모습으로 등장하기 때문일 것이다.

프로파일링 수사 기법을 최초로 도입했고 오랜 시간 수사 실무에 적용하고 연구해온 FBI는 프로파일링을 "나이, 인종, 성별, 사회경제적 지위, 거주 형태, 범행 현장과 거주지와의 연관성, 이동수단, 교육 수준, 혼인 상태, 직업 경력, 범죄 경력, 정신질환, 사회적·성적 발달, 군대 경력, 신체적 특징, 습관, 범행 조직성 여부, 범행 전의 행동, 범행 후의 행동, 공범 가능성 등 용의자와 관련된 정보를 폭넓게 제공하는 기법"이라고 정의했다.

범죄심리학자들이 개념적이고 학문적인 접근을 한다면

FBI는 수사에 직접 적용할 수 있는 실질적인 접근을 한다고 볼 수 있다. 이는 다민족 국가인 미국의 특성상 이러한 용의자 개인에 관한 정보를 다루는 프로파일링은 일선 수사관들의 요구에 부합하는 형태였을 것이다. 그러나 범죄 현장에 남겨진 제한된 정보만으로 용의자 정보(나이, 직업, 거주지 등)를 정확히 추론한다는 것은 상식적으로도 한계가 있다. 따라서 FBI의 프로파일링 또한 다양한 범죄자 데이터베이스를 구축하고 동일인에 의한 연쇄 범죄를 찾아내는 데 주로 활용되었고, 프로파일링의 분야도 신문 전략, 행동 분석, 강력사건 전문가 조언, 범죄자 연구 등 하위 부서로 세분화되었다. 그렇다면 현재의 프로파일링 개념을 단지 범죄 현장을 분석하고 범죄자를 유형화해 범인의 상을 추론하는 것이라는 식으로 정의하는 것은 현실적인 수사 환경과 맞지 않을 수 있다.

1990년에 FBI 행동과학부는 행동과학연구소로 이름을 바꾸었고, 이와 아울러 '범인 수사 분석 프로그램'을 관장하는 수사지원부(ISU)가 행동과학연구소 산하에 창설되었다. FBI가 가장 큰 성과를 거둔 해에는 793건의 사건을 다루었으며, 그중 290건은 FBI가 직접 수사권을 행사했다고 보고했다. 로버트 레슬러(Robert K. Ressler)나 존 더글러스 등 퇴임한 심리분석가들의 회고록을 통해서 일반에 공개된 사건은 대부분 성공한 사례였고, 실패한 사례는 거의 알려지지 않았다고 볼 수 있다. 그래서 FBI의 프로파일링에 대해선 객관적이고 과학적인 평가를 할 수 없다고 비판받기도 한다.

우리나라 경찰에서 현재 프로파일링은 수사 방향 제시, 용의자 신문 전략 수립, 사건 관련자들의 진술 신빙성 평가, 용의자 거주 지역 범위 설정 및 동일 수법 전과자 추출, 피의자 심리 면담 등 수사 실무 전반에 다양한 방식으로 지원하고 있다. 이러한 역할을 종합적으로 고려해볼 때 프로파일링은 데이터를 기반으로 한 과학적인 연구 방법과 심리학적 원리 등을 활용하여 수사관들에게 전문적인 조언을 제공하는 수사 기법이라고 볼 수 있다.

마음속 괴물과 싸우는 프로파일러

프로파일러는 범행 과정을 과학적으로 재구성하고 이를 통해 용의자의 특징과 범행 동기 등을 분석하는 범죄 심리 전문가로, 우리나라에서는 보통 '범죄분석요원', 또는 '프로파일러'라고 부른다. 연쇄살인 같은 강력범죄가 발생했을 때 범죄자가 어떻게 범행을 준비했고, 어떤 과정으로 범죄를 저질렀으며, 증거를 어떻게 은닉하고 처리했는지 등을 조사하고 분석한다. 그리고 이러한 분석 결과는 범인을 검거하거나 나중에 범죄자의 패턴을 분류해 범죄를 예측하고 예방하는 데 활용된다.

범죄자의 작은 버릇이나 성격, 말투 하나까지 놓치지 않는 프로파일러들은 일반인이 상상하기 어려운 인간의 잔혹하고 어두운 면을 자주 들여다보기 때문에 심리적으로 황폐해지기 쉽다. 그래서 FBI 행동분석팀의 초기 프로파일러 로버트 레슬러는 프리드리히 니체(Friedrich Nietzsche)의《선악의 저편(Jenseits von Gut und Böse)》에서 인용한 구절을 좌우명으로 삼고 있었다.

"괴물과 싸우는 사람이라면 누구나 괴물과 싸우는 동안 자신 역시 괴물이 되지 않도록 조심해야 한다. 당신이 깊은 심연을 바라보면 그 괴물 역시 당신을 바라본다."

레슬러는 괴물과 싸우려면 매우 치밀하고 때로는 교활해야 함을 깨달았다. 범인의 특성과 태도를 편견 없이 효과적으로 분석하려면, 냉정한 태도로 그의 사고방식을 이해해야 한다는 사실을 깨달은 것이다. 물론 범인의 사고방식에 휩쓸려도 안 되었다. 온갖 끔찍한 범죄 현장을 누비는 프로파일러들에게 꼭 필요한 말이라고 생각한다.

프로파일러가 되려면 논리적이고 분석적으로 사고할 수 있어야 하고, 자기 자신을 명확히 알고 있어야 한다. 프로파일러 자신에 대한 이해가 부족할 경우 범죄자를 이해하고 판단할 때 자신의 경험과 감정을 범죄자나 피해자에게 전이시키는 부작용을 낳을 수 있기 때문이다. 그리고 다양한 정보에 관심이 많아야 한다. 특히 지식이 풍부하면서 인간의 행동을 맥락적으로 잘 이해할 수 있어야 한다. 사람에 대한 이해력이 풍부한 사람이 유리하다는 점에서 심리학적 지식이 중요하고, 나이에서 나오는 생활 경험도 중요하다. 항상 객관적으로 사건과 관련된 정보들을 바라보기 위해 편견에 얽매이지 않아야 한다.

우리나라에서 프로파일러가 되려면 심리학, 사회학, 범죄학 전공 석사학위 이상이 필요하다. 학사학위 소지자라면 관련 분야 2년 이상의 연구, 근무 경력이 있어야 한다. 단, 다른 전공으로 학사학위를 취득한 후 관련 분야에서 석사학위를 취득한 경우는 인정하지 않는다. 국가기관·지방자치단체·공공 기관에 준하는 기관에 속해 프로파일러와 관련이 있는 범죄 수사, 범죄 행동(심리)분석, 심리측정·평가 분야에서 정규직으로 2년 이상 전일제 근무, 연구한 경력이 있어야 한다. 정기 채용은 없고 경찰청 등 수사기관에서 경력 채용을 하고 있기 때문에 수시로 해당 기관 홈페이지의 채용 정보를 확인해야 한다.

우리나라 경찰에서 실제 활동하는 프로파일러는 약 40명

내외로 그 수가 매우 제한적이다. 최근에 발생하는 '묻지마 범죄' 또는 이상동기 범죄에 대해서는 범죄자의 내면을 이해하고 실질적인 동기를 분석하는 것이 더 중요하기 때문에 프로파일러의 활동 영역은 점점 더 넓어지고 있다. 프로파일러들은 범죄자의 복잡한 범행 동기를 체계적으로 정리해서 자료화하고 있으며, 이 자료는 우리나라 범죄 예방과 검거 및 형사 정책에 유용하게 활용되고 있다.

영화 속 프로파일러

우리나라에서 프로파일러가 일반인들에게 알려지기 시작한 것은 아마도 1992년 개봉한 영화 〈양들의 침묵〉이었을 것이다. 영화에서 FBI 신입 요원인 스털링(조디 포스터)은 몸집이 커다란 여자들만 골라 살해하는 연쇄살인범을 잡기 위해 연쇄살인 범죄를 저지르고 수감된 한니발 렉터(앤서니 홉킨스) 박사를 면담한다. 두 사람이 유리 칸막이를 사이에 두고 벌이는 심리 게임을 통해 관객들은 프로파일러가 어떻게 범인의 심리를 파악하고 연쇄살인범의 단서를 얻는지 알게 되었다. 최초의 수사기관 공식 프로파일러인 미국 FBI 요원 존 더글러스는 〈양들의 침묵〉에서 스털링의 상관으로 나온 베테랑

FBI 요원 잭 크로포드(스콧 글렌)의 실제 모델이었다. 그 후 더글러스는 자신의 책과 같은 제목의 영화 〈마인드헌터〉에서도 FBI 프로파일러로 그려지기도 했다. 더글러스는 찰스 맨슨(Charles Manson)과 같은 희대의 연쇄살인범을 인터뷰하며 연구한 자료를 바탕으로 은퇴 후 《마인드헌터(Mindhunter)》, 《어둠 속으로의 여정(Journey into Darkness)》과 같은 베스트셀러를 발표하기도 했고, 많은 영화와 소설 속 주인공의 실제 모델이 되기도 했다.

〈양들의 침묵〉의 프로파일러라고 하면 대개 여주인공 스털링만 떠올리지만, 영화에서 가장 강한 인상을 준 심리분석가는 스털링이 아닌 범죄자 한니발 렉터 박사였다. 특수 감옥의 강화 유리막을 사이에 두고 스털링을 거꾸로 프로파일링하는 렉터 박사의 카리스마는 아직도 깊은 인상으로 남아 있다.

〈양들의 침묵〉은 토머스 해리스(Thomas Harris)의 소설을 원작으로 하는데 해리스는 소설을 쓰기 전 미국 콴티코에 있는 FBI 아카데미에 초대받아 행동과학부 요원들과 함께 훈련 과정에 참여하고 소설을 썼다고 한다. 〈양들의 침묵〉에 등장하는 범인 '버펄로 빌'이라는 캐릭터도 당시의 훈련 과정에서 사례로 활용한 세 사람의 진짜 살인범을 모델로 창조한 것이다. 앞 장에서 설명했지만, 여자의 피부 가죽을 벗기는 것은 시체 애호가 에드 게인의 수법이었고, 장애를 가장해 여성의 동정심을 자극한 뒤에 허점을 노려 공격하는 것은 테드 번디의 수법이었다. 여자들을 집 안 구덩이에 가두고 대가족을 이루려던 살인마는 게리 하이드닉(Gary Heidnik)이다.

〈양들의 침묵〉이 성공한 뒤로 이와 유사한 여러 편의 텔레비전과 영화 시리즈물이 만들어졌는데 안타깝게도 이들 시리즈물에서 프로파일러는 거의 초능력자 수준이며, 범죄자를 추적하는 데 한 번도 틀리는 법이 없었다. 프로파일러의 직관이나 임상 경험이 중요한 역할을 하는 것은 분명하지만, 실제 사건에서는 무엇보다 현장 및 범인에게서 비교, 대조할 수 있는 자료를 끈질기게 수집하는 것이 중요하다. 프로파일링의 성공과 실패를 가르는 핵심은 수집한 자료의 양과 믿을 수 있는 자료를 선별하는 능력이다. 결코 프로파일러 개인의 직감으로 프로파일링을 완성할 수 없다. FBI 행동과학부의 창설 요원인 존 더글러스는 미국의 텔레비전 시리즈에 나오는 프로파일러에 대해 "드라마에서는 프로파일러가 마치 심령술사 같다. 그러나 범죄자의 특성을 정확하게 읽어내려면 수많은 범죄자를 만나 필요한 정보를 수집하고 이 정보들을 분석해야 한다"고 비판하기도 했다.

〈양들의 침묵〉이 프로파일러를 인기 있는 캐릭터로 다룬 영화였다면, 이후 등장한 영화들은 프로파일러라는 직업에 더 초점을 맞춰 전개했다. 〈본 콜렉터〉에서는 몸을 움직이지 못하는 프로파일러와 행동파 경찰이 콤비를 이뤄 사건을 해결했는데, 여기서 프로파일러의 도움을 받는 경찰 역으로 등장한 앤젤리나 졸리는 이후 영화 〈테이킹 라이브스〉에서는 직접 프로파일러가 되어 연쇄살인범과 대결을 벌이기도 했다. 당시 프로파일러는 영화 속 주인공의 단골 직업이었다.

그리고 어느 정도 익숙해진 프로파일러 캐릭터를 좀더 색다르게 표현하기 위해 기존의 서스펜스 틀과 결합하는 시도도 있었다. 〈마인드헌터〉는 마치 애거사 크리스티의 《그리고 아무도 없었다(And Then There Were None)》에 프로파일러를 결합한 설정으로 보는 이들의 흥미를 이끌어냈다. 살인자의 덫에 걸린 프로파일러들은 동료들이 하나둘 죽게 되자 평정심을 잃고 자멸하게 되는데, 같은 프로파일러 범죄자라는 내부의 적과 싸우는 주인공의 치밀한 프로파일링이 영화를 흥미진진하게 한다.

최근 프로파일러를 다룬 작품 중 가장 인기 있는 것은 아마도 미국 CBS에서 2005년부터 방영하는 드라마 〈크리미널 마인드〉일 것이다. FBI의 프로파일링 전문팀인 행동분석팀(Behavior Analysis Unit, BAU)의 활약을 다룬 내용으로 전 세계적으로 인기 있는 미국 드라마 중 하나다. 제작진 중 에드워드 앨런 베네로(Edward Allen Bernero)는 10년 이상 경찰로 재직한 경력이 있으며, 또한 FBI 요원으로 활동했던 프로파일러들에게 자문을 받고 있어 드라마의 긴장감이나 사실적인 묘사는 상당한 수준으로 평가받고 있다.

우리나라 작품 중에는 tvN에서 2016년에 방영한 〈시그널〉이 있다. 무전기 하나로 연결된 현재의 프로파일러와 30년 전의 형사가 화성연쇄살인사건 등 사회적으로 큰 관심을 받은 여러 실제 사건을 해결하는 드라마로, 큰 인기를 얻었다. 특히 실제 프로파일러로 활동했던 김윤희가 보조 작가 및 출연자로 참여해 사실적인 묘사가 매우 뛰어났다.

영화나 드라마 속 프로파일러는 대부분 여성이 많다. 그리고 극적인 재미를 위해서 권총을 들고 범인과 몸싸움도 하지만 실제로 프로파일러가 범인을 검거하러 가는 일은 거의 없다. 프로파일러는 범인이 아니라 수사 서류 등 자료와 씨름하고, 심리학을 바탕으로 피의자와 면담하는 것이 주 업무다. 우리나라에서도 전체 프로파일러 중 약 60퍼센트가 여성이다. 면담에서 범죄자들이 숨기고 싶어 하는 예민한 뉘앙스를 파악하거나 자료를 꼼꼼하게 파헤쳐야 하는 업무적 특성 때문에 여성 프로파일러에게 유리한 점이 있는 것으로 생각된다.

현장에서 답을 찾다

2장

1 범인의 시선으로
바라보다

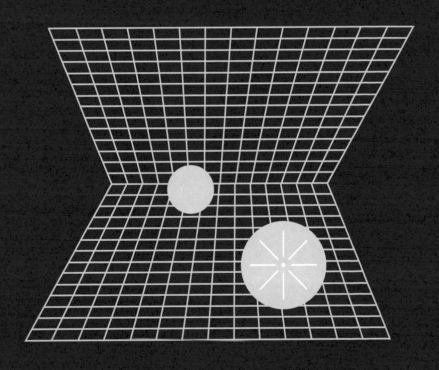

여성 연쇄 실종 사건

가로수에 반짝반짝 조명이 빛나고 거리마다 크리스마스 캐럴이 울려퍼지는 도시의 12월. 사람들은 연말 분위기에 한껏 들뜬 모습으로 밤늦은 시간까지 거리를 헤매지만, 이럴 때일수록 사건·사고가 많이 발생해 형사들은 철야 근무를 하며 긴장을 놓을 수 없다.

12월 중순 어느 날 새벽에 유흥업소 여종업원이 실종되었다는 신고가 접수되었다. 실종 사건의 경우 하루나 이틀 정도 지나면 실종자가 자연스럽게 귀가하는 경우가 많아 실종수사팀 형사들은 그리 심각하게 생각하지 않았다.

며칠이 지나 크리스마스이브, 지난 실종 사건이 발생한 도시에서 불과 몇 킬로미터 떨어지지 않은 옆 도시의 경찰서에 또 유흥업소 여종업원이 실종되었다는 신고가 접수되었다. 비슷한 시기에 근접한 장소의 유흥업소 여종업원이 실종된 사건이었지만 이번 사건을 접수한 형사들도 전 경찰서 형사들과 별반 다르지 않았다. 경찰서별로 관할하는 지역이 다르기 때문에 이번 사건을 접수한 경찰서 형사들은 12월 중순의 사건을 알지 못했다.

프로파일러는 경찰청 소속으로 각각의 경찰서에서 발생하는 모든 사건을 검색하기 때문에 범인이 프로파일러의 눈을 빠져나가기는 쉽지가 않다. 아침에 출근하자마자 지난 밤 발생한 사건·사고부터 검색하는 프로파일러에게 그 두 사건은 그냥 지나칠 수 없는 사건이었다. 하지만 아직 발생 초기이고 경찰서에서 수사하고 있으므로 일단 경과를 지켜보기로 했다.

그리고 또 며칠이 지나 신정 연휴가 끝나가던 주말 오후, 두 번째 여종업원이 실종된 도시에서 불과 몇 킬로미터 떨어지지 않은 인접 경찰서 관할 지역에서 오후에 교회를 가기 위해 외출한 여대생이 실종되었다는 신고가 접수되었다. 아직 유흥업소 종업원 두 명의 행방은 알 수 없는 상태였다.

그리고 또 며칠 후 저녁 퇴근 시간에 여대생이 실종된 지역의 옆 도시 공장에서 퇴근하던 50대 여성이 실종되는 사건이 접수되었다. 불과 20여 일 사이에 인접한 네 도시에서 연쇄적으로 네 명의 여성이 실종된 것이다. 언론들은 과거의 연쇄살인 사건을 언급하며 또다시 악몽이 시작되었다고 대서특필했다. 2009년 우리나라를 떠들썩하게 만든 강호순 연쇄살인 사건의 시작이었다.

강호순은 사건 초기 유흥업소 여종업원을 상대로 환심을 사고 2차를 가자고 밖으로 유인해 살해했으나, 세 번째 사건부터는 길거리에서 여성을 차에 태우고 어디론가 이동해 폭행하고 살해했다. 지금부터 10년 전만 하더라도 경기도 화성은 개발이 막 시작된 곳이었다. 공장 지대와 아파트 공사 현장이 뒤엉켜 있어 대중교통을 이용하기에 여간 불편한 것이 아니었다. 강호순 사건의 피해자들 대부분은 추운 겨울날 버스 정류장에서 강호순의 차를 탄 것으로 밝혀졌다. 일부 언론은 낯선 남자의 차에 탄 피해자를 비난하기도 했으나, 사건의 내막을 파헤치면 피해자를 비난할 수 없을 것이다.

강호순의 범행은 주로 겨울에 발생했고, 겨울 중에서도 기온이 제일 낮은 날 발생했다. 강호순은 추운 겨울날 버스 정류장에서 떨고 있는 여성을 목표로 삼은 것이다. 피해자들은 추위에 떨면서 언제 올지 모를 버스를 한참 기다려야 했다.

그때 고급 승용차를 탄 인상 좋은 강호순이 차를 세우고 길을 물어본다. 피해자는 경계하면서도 친절하게 길을 안내해주었는데도 강호순은 길을 잘 모르겠다며, 날이 춥고 버스도 안 오니 번화한 곳까지 태워다 주겠다며 차에 타 안내해달라고 부탁한다. 길을 물었던 장소는 버스 정류장보다 조금 더 번화한 곳이었다. 그곳에 가면 집으로 가는 버스가 더 많기 때문에 피해자는 머뭇거리다가 계속된 부탁을 뿌리치지 못하고 차에 올라탄다. 그리고 강호순은 차를 운전하고 가다가 원래의 목적지가 아닌 서해안의 한적한 곳으로 차를 몰았고, 반항하는 피해자를 폭행하고 제압해 살해했다.

프로파일링 수사의 시작

필자는 프로파일러로서 ○○지방경찰청에 첫 발령을 받았다. 당시 ○○지방경찰청은 전국에서 강력사건 발생률이 가장 적은 곳이었다. 1년 정도 근무하는 동안 사건 현장에 출동해야 할 정도의 강력 살인 사건은 두 건뿐이었다. 그나마 그 두 사건도 사흘이 채 걸리지 않아 용의자를 검거했다. 프로파일러로서 사건 현장에 대한 갈망으로 필자는 그해 12월 경찰청 중앙행동분석팀에 지원했다.

강호순 사건은 필자가 경찰청 중앙행동분석팀에 처음 출근한 2006년 12월 중순 수도권의 도시에서 유흥업소 종업원이 실종되면서 시작되었다. 그리고 경기 서남부에서 한 달 사이에 네 명의 여성이 연쇄적으로 실종되었다. 실종자의 휴대전화가 최종적으로 꺼지거나 배터리가 분리된 장소가 경기도 화성의 비봉IC 근처라는 것이 알려지자, 언론에서는 "화성의 악몽이 또다시 시작되었다"고 보도했다.

인접한 네 곳의 경찰서에서 발생한 사건이지만 필자는 당시 첫 번째 실종자가 발생해 수사본부가 설치되어 있던 군포경찰서로 급파되었다.

사건을 담당한 해당 경찰서 형사들과 경기지방경찰청 광역수사대 형사들은 모두 미귀가자(실종자)가 누군가에게 납치되었다면 동일범의 범행이 아닌 각각의 개별적인 범행이라고 주장했다. 첫 번째와 두 번째 미귀가자는 지역이 다른 유흥업소 종업원으로 새벽 시간에 일을 하다가 실종되었고, 세 번째와 네 번째 미귀가자도 회사원과 대학생으로 지역이 다르고 오후 시간에 버스 정류장이 있는 노상에서 실종되었다. 따라서 이 네 사건을 동일범이 저질렀다고 보기에는 공통점이 없다는 것이었다. 그뿐 아니라 첫 번째와 두 번째 유흥업소 종업원은 며칠 더 기다리면 자진해 귀가할 것이라고 장담하고 있었다.

경찰청 중앙행동분석팀 프로파일러가 참여한 첫 번째 회의에서 수사본부장은 네 사건의 범행 관련성을 비롯해 만약 납치 등 범행이라면 동일범에 의한 범행인지, 아니면 각각의 개별적인 사건인지 프로파일러가 전문적으로 판단해달라고 요청했다.

경찰청 중앙행동분석팀은 첫 번째로 미귀가자에 대한 범죄 피해 위험성 분석과 각 사건의 현장 및 최종 목격자에 대한 진술 신빙성을 검토했다. 역시 광역수사대 형사들의 말대로 미귀가자에 대한 범죄 피해 위험성 분석 결과 피해자 특성이 너무 달라 유의미한 결과를 얻을 수 없었다. 그리고 실종 사건의 특성상 정확한 현장과 실종 시간을 특정할 수 없어서 범죄 관련성에 대해서도 쉽게 결론을 내릴 수 없는 상황이었다. 범죄 수사에서 가장 중요한 세 요소는 피해자, 범행 현장, 범행 시간인데 이번 실종 사건은 정확한 범행 현장과 범행 시간을 알 수 없어 베테랑 수사관이라도 쉽지 않았다. 지금이야 CCTV가 있어서 데이터를 이용해 정확히 분석할 수 있지만, 과거에는 실종자를 마지막으로 목격했다는 목격자의 진술만 믿고 수사를 했다. 그러다 그 후에 또 다른 목격 자료가 발견되어 지금까지 수사한 것이 물거품이 되거나 어떤 것이 정확한 것인지 판단할 수 없는 경우가 많았다.

그때 경찰청 중앙행동분석팀 프로파일러가 선택한 분석 방법이 3장에서 설명할 지리적프로파일링 기법이다. 일단 동일범이 저지른 연쇄성 범죄라는 최악의 상황을 가정하고 네 건의 사건에 거꾸로 맞춰보았다. '로스모 공식(rossmo formula)'에 따르면 범죄자는 범행 장소를 선택할 때 무작위로 선택하지 않는다. 범행 장소는 범인이 실제로 사는 곳 또는 행동하는 곳을 드러낼 가능성이 크다. 여기에 범죄자가 사전에 생각하고 있던 장소 또는 자신이 이미 알고 있는 장소를 선택한다는 범죄패턴이론을 적용했다.

네 개의 개별적인 사건은 모두 경기 서남부 39번 국도와 맞닿은 장소에서 일어났고, 더욱 중요한 것은 비봉IC 부근이 39번 도로가 대부도 등 서해안으로 나뉘는 분기점이라는 것이었다. 우리는 조심스럽게 범인이 미귀가자를 차에 태워 39

번 도로를 이용해 어디론가 이동하다가 비봉IC에서 방향을 바꾸었고, 이때 반항하는 피해자를 제압했을 가능성이 크다고 결론지었다.

문제는 프로파일링 분석 결과를 수사본부 회의에 제시했을 때 발생했다. 수사본부에 편성된 형사들은 우리의 분석 결과를 받아들일 수 없다고 했다. 수사 경험도 없는 젊은 프로파일러의 말을 듣고 연쇄 실종 사건으로 수사한다면 화성이라는 지역적 특성 탓에 국민의 불안감이 커지고 수사력을 낭비한다는 이유였다. 그러나 다행히 수사본부장은 지리적 프로파일링 결과를 받아들였고, 수사본부의 한 개 팀에게 연쇄성 범죄에 대비해 39번 도로상의 휴대전화 기지국 자료 등 수집할 수 있는 모든 자료를 확보하도록 지시했다.

그러나 연쇄살인범 강호순은 그로부터 2년 후 두 명의 여성을 추가 납치·살해하고 2009년 검거되었다. 처음에 프로파일링 분석 결과를 받아들일 수 없다고 했던 형사들이 이후 프로파일러가 수사에 도움을 줄 수 있다고 생각하게 된 결정적 사건이었다.

프로파일링의 6단계

FBI는 프로파일러가 범인을 체포하는 과정을 여섯 단계로 나누었다.

1단계는 모든 자료를 컴퓨터에 입력하는 과정이다. 이 단계에서는 가능한 한 범죄와 관련된 모든 정보를 수집한다. 이 정보에는 물리적인 증거, 범죄 현장 사진, 검시 보고서, 목격자 증언, 피해자 신상정보, 경찰관의 보고서 등이 모두 포함된다.

2단계는 판단하는 과정으로, 프로파일러가 입력된 정보를 가능한 한 여러 가지 차원의 범죄 행위로 재구성해보는 것이다. 살인 사건일 경우에는 '살인의 유형(FBI 범죄 분류 매뉴얼에서는 살인을 32개의 주요 유형으로 나눈다)은 무엇인가? 살인의 주된 동기(금전, 감정, 정신이상 등)는 무엇인가? 피해자는 살해되기 전에 어떤 수준의 위험을 감수했는가? 범행 전후에 어떤 행동들이 있었으며, 범죄 행동을 하는 데 걸린 시간은 얼마였는가? 범행이 어디에서 저질러졌는가? 범행이 이루어진 뒤에 사체가 옮겨졌는가, 아니면 그 자리에 그대로 놓여 있었나?' 등을 검토한다.

3단계는 범행을 자세하게 검토하는 단계다. 이 단계에서는 프로파일러가 범인과 피해자의 행동을 재조합한다. 범행이 계획적이었나, 아니면 우발적이었나? 범죄 현장이 수사에 혼란을 주려고 조작되었는가? 살해 시각이나 직접적인 사망 원인, 상처의 위치, 사체의 자세 등의 상태로 볼 때 살해 동기는 무엇이었을까? 예를 들어, 범인이 피해자의 얼굴을 잔인하게 공격했다면, 범인은 이 피해자를 알고 있었음을 의미한다. 범죄 현장 부근에 있던 흉기나 무기가 동원된 살인 사건일 경우 범인이 충동적으로 범행을 저질렀음을 뜻하며, 또한 범인이 피해자 가까이에 살고 있음을 의미한다. 아침에 일어난 살인 사건은 범인이 약물이나 술에 취한 상태에서 저질렀을 가능성이 거의 없다.

4단계는 범인을 추정하는 단계다. 범인 추정 내용에는 인종, 성별, 결혼 여부, 주거 환경, 직업, 심리적 특징, 신념이나 가치, 경찰에 대한 반응, 과거에 비슷한 범죄를 저질렀을 가능성을 포함하는 전과 여부 등이 반드시 포함된다. 나이도 물론 포함되지만, 정서적인 발달 상황과 경험이 항상 일치하지 않기 때문에 나이를 정확하게 추정하는 작업은 가장 어렵다. 이 단계에서 심리분석가는 추정 내용이 범행과 일치하도록 2단계의 자료를 다시 확인한다.

5단계는 수사 단계로, 프로파일러의 범인 추정 보고서가 수사관에게 전달되고, 수사관은 그에 따라 추정 내용과 가장 일치하는 용의자를 집중 수사한다. 만일 이 단계에서 새로운 증거가 나타나면, 범인 추정 보고서는 보완 작업을 거친다.

6단계는 범인을 체포하는 단계다. 이 단계에서 가장 핵심적인 것은 범인에 대한 심문이며, 이 심문을 통해서 범인이 자백하거나 최소한 범행에 대해 적극적으로 토론에 나서게 해야 한다.

피해자를 파악하는 일이 수사의 첫 단계

강호순 사건의 수사를 시작할 때 수사의 주요 삼요소(피해자, 사건 현장, 발생 시간)를 언급했다. 삼요소의 중요성에 대해 경중을 논할 수는 없지만, 그래도 첫 번째는 피해자의 신원 확인일 것이다. 과학수사 하면 가장 먼저 떠오르는 것이 지문이다. 범죄자의 지문을 찾는 것도 중요하지만 그것보다 우선하는 것이 피해자의 신원을 확인하는 것이다. 피해자의 신원이 확인되어야 범행 동기를 추정할 수 있고, 범행 동기를 토대로 피해자 주변 인물 중 그러한 동기를 가진 인물을 찾아 범죄 혐의점을 수사할 수 있기 때문이다. 이 과정에서 약 80퍼센트 정도 사건이 해결된다. 그래서 범죄자들은 피해자의 신원을 확인하지 못하게 할 목적으로 신분증 등 소지품을 제거하고 지문을 훼손하거나 심지어는 사체를 토막 내 암매장하거나 저수지 등에 유기하기도 한다. 실제로 강호순도 피해자 사체의 지문을 훼손해 암매장했다.

경찰청에서 발표한 2018년 주요 범죄 유형별 특성 중 살인 범죄자와 피해자의 관계를 살펴보면, 전체의 20.3퍼센트가 타인이고, 타인 외의 관계에서는 친족 관계인 경우가 전체의 25.5퍼센트로 가장 많았고, 그다음이 이웃·지인(16.8퍼센트), 애인(7.8퍼센트), 친구·직장 동료(8.1퍼센트) 등의 순이었다.

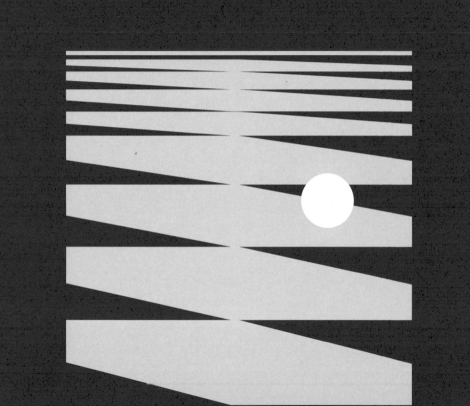

우리는 가정, 학교, 직장에서 겪는 여러 상황으로부터 스스로 가해자라기보다는 피해자라고 생각할 때가 많다. 넓은 의미의 피해자는 범죄 피해자만이 아니라 민법상 피해자, 상법 등 경제법상 피해자, 그 외에 살아가면서 부당한 처우를 받은 사람 모두를 포함한다. 일상에서 대부분의 일은 문제가 되지 않고 자연스럽게 해결된다. 이 책에서 말하는 피해자란 좁은 의미의 피해자로, 범죄자의 상대방으로서 피해자, 즉 범죄 피해자를 말한다.

우리나라는 피해자를 보호하기 위해 범죄 피해자를 위한 기본법인 〈범죄피해자보호법〉을 비롯해 다양한 관련 법률을 마련하고 국제 조약을 맺어놓았다. 이들 각각은 그 취지에 따라 피해자 개념을 정하고 있다. 〈범죄피해자보호법〉에서 다루는 피해자는 타인의 범죄 행위로 피해를 당한 사람과 그 배우자, 직계 친족 및 형제자매이다. 또한 범죄 피해 방지 및 범죄 피해자 구조 활동으로 피해를 당한 사람도 범죄 피해자로 본다.

경찰청은 범죄피해자보호규칙(경찰청훈령 제604호)을 제정해 적극적인 보호 활동을 통해 범죄 피해자의 권익 보호와 신속한 피해 회복을 도모할 수 있는 법적 근거를 마련했다. 범죄피해자보호규칙에서 피해자는 범죄로 인해 피해를 입은 자와 그 가족 등이라고 규정된다(제2조 제2호).

그렇다면 누가 범죄자의 상대방으로서 피해자가 되는 것일까? 2018년 한 해 발생한 형사사건 범죄는 158만 751건(범죄 발생 및 검거는 매년 전국 각급 경찰관서에서 취급한 형사사건의 범죄통계원표를 토대로 산출한다)으로, 우리나라 전국 세대수 2,204만 2,947명(2018, 통계청)의 7.17퍼센트이고, 피해자를 그 가족까지 고려한다면 4인 가족으로 계산 시 632만 3,004명이 형사사건의 범죄 피해사라고 할 수 있다. 즉 우리나라 전체 세대수의 약 28.6퍼센트가 한 해 폭행에서부터 살인 사건까지 형사사건 범죄의 피해자가 된다는 것이다.

2018년 전반적 사회 안전에 대해 여성은 35.4퍼센트가 불안하다고 답했고, 남녀 차이가 가장 큰 유형은 '범죄 발생'인 것으로 나타났다. 2017년 형법상 주요 범죄 중 성폭력 피해자는 여성(2만 9,272명)이 남성(1,778명)보다 약 16배 많으나, 다른 범죄 피해자는 남성이 많은 것으로 나타났다. 남녀 모두 범죄에 불안을 느낀다고 할 수 있다(통계청, 〈2019 통계로 보는 여성의 삶〉).

한 해에 우리나라 열 세대 중 약 세 세대가 범죄의 피해자가 된다. 즉 누구나 범죄의 피해자가 될 수 있다. 그런데 대부분의 사람은 전후 사정을 잘 모르기 때문에 흔히 범죄 피해자에게 '뭔가 그 사람 본인에게 문제가 있겠지'라고 생각한다. 이것은 심리학에서 말하는 '행위자-관찰자 편향(actorobserver bias)'과 관련 있다. 사람들은 자신의 행동에 대해서는 주로 상황을 탓하는 반면 타인의 행동에 대해서는 사람을 탓하는 경향이 있다는 것이다.

피해자 분석의 중요성

사건을 해결하는 데 중요한 세 요소가 있다. 피해자, 발생 시간, 그리고 범행 현장이다. 다른 많은 사건보다 실종 사건을 해결하기가 어려운 이유는 발생 시간과 현장을 알 수 없기 때문이다. 그래서 수사를 할 때 가장 중요한 것은 피해자의 성향과 피해자가 왜 그 시간 그곳에 있었는지 파악하는 것이다.

피해자의 성향을 파악하는 첫걸음은 피해자의 주변 인물을 조사하는 것으로 시작된다. 주로 가족을 가장 먼저 조사하는데, 문제는 가족 간의 범행이 의심되어 협조하지 않거나 가족이 없는 경우이다. 실종 사건에서 피해자 성향 파악과 관련해 아직도 잊을 수 없는 사건 하나가 있다.

2010년 여름 새벽 3시경 수도권의 ○○반도체 회사에 다니던 25세 여성이 회사 앞 노래방에서 동료들과 회식을 하던 중 회사 후배에게 아는 동생을 만나 호프집에 있다고 문자 메시지를 전송한 후 사라졌다. 수사팀은 가족을 찾아보았으나 불행하게도 실종자는 세 살 무렵 부모의 이혼으로 보육원에서 성장해 같이 사는 가족이 없었다. 보육원에서 성장했지만 친모와는 계속 연락을 했고 친부는 사건 발생 몇 년 전 만났으나 관계는 좋지 않은 듯했다. 형사들은 이혼한 부모를 수소문해 연락했지만, 재혼해 새로운 삶을 살고 있다며 연락하지 말아달라고 했다. 부모라고는 하지만 세 살 때 헤어졌다면 실종사에 대해서 잘 모를 것이다. 하지만 수사는 이런 막연한 추측만으로 결론지을 수 없다. 조금의 가능성이라도 있다면 작은 것 하나도 놓치지 말고 끝까지 확인해야 한다. 다행히 보육원에서 함께 자란 동갑 친구와 가족처럼 지내고 있었고, 자주 만나는 고교 동창을 통해서 실종자의 성향을 파악할 수 있었다.

실종자는 활발하고 사교적인 편이나 의사 표현이 분명하고 성격이 강해서 한두 명의 친구 외에 표면적인 관계만 유지하고 있었다. 군에 입대한 남자 친구와 관계 지속 문제로 고민 중이었으며, 남자 친구와 동거 중에도 소개팅, 유흥가 헌팅 등 새로운 만남에 적극적이었다. 통장 잔액이 39만 원으로 경제적 여유가 없었음에도 휴대전화 요금으로 30~40만 원을 소비하는 생활 습관이 있었다. 평소 거짓말을 자주 하는 편으로, 실종 직전 회사 후배와 기숙사 동료에게 보낸 문자 메시지에 남긴 자신의 위치에 대한 진술도 서로 달라서 어떤 것을 신뢰해야 할지 수사팀은 혼란스러웠다. 실종 당일 3시 12분 같이 회식하던 회사 후배에게 아는 동생을 만나 호프집에 있다고 문자 메시지를 발송한 직후인 3시 13분에는 기숙사 동료에게 지금 귀가하는 중이라고 통화를 했다. 그 후 실종되었다.

과거에는 이렇게 가족과 이웃, 학교 친구나 회사 동료 등 주변 인물을 형사가 직접 찾아가 만나서 피해자에 대한 이야기를 듣고 성향을 파악했다면, 지금은 피해자의 휴대전화 통신 내역과 SNS, 블로그, 카페 활동, 게시글, 댓글 등 인터넷 활동을 통해서 파악할 수 있고, 앞으로는 이 또한 AI가 분석해줄 것으로 기대한다.

피해자가 과거 주변과 연락을 두절한 적 있다는 점, 보육원에서 성장해 회사나 지역에 대한 애착이 전혀 없고 동거남을 따라 아무 때나 새로운 곳으로 떠나는 점, 사건에 대한 모친의 무관심과 비협조적 반응 등으로 볼 때 범죄가 아니라 단순 잠적일 가능성도 배제할 수 없어 수사팀은 난관에 부딪혔다.

그러나 실종 후 한 달이 지나도록 피해자의 휴대전화·계좌·통신 등 행적이 전혀 없었고, 회사 기숙사에 자신의 물품을 그대로 두고 사라진 점, 실종 직전 잠적을 암시한 어떠한 징후도 보이지 않았다는 점, 휴대전화가 꺼진 시간(3시 16분경)과 편의점에서 돈을 인출한 시간(5시 50분) 사이에 행적을 확인할 수 없다는 점 등을 바탕으로 프로파일러는 분명 범죄 피해 관련성이 높다고 판단했다. 그렇다면 이제부터는 프로파일러가 발로 뛰면서 사건을 분석해야 한다.

피해자의 성향이 파악되면 실제 범행 장소를 발생 최근접 시간에 방문해 피해자가 보고 느낀 그대로 재현해보기도 한다. 피해자 동선이 확인된 시간과 장소에서 똑같이 이동해보면서 피해자가 머문 장소와 자리에서 같은 시간 동안 주변을 관찰히며 어떤 것들이 보이고 분위기는 어떤지를 느끼러는 것이다. 홀로 피해자가 방문한 클럽에 가기도 하고 새벽길을 돌아다니기도 한다. 그렇게 새벽에 피해자가 되어 돌아다니고 아침에 사무실에 복귀해 보고서를 작성한다. 시간이 지나면 그 느낌을 잃어버릴까 싶어 한시도 지체할 수 없다.

다음은 당시 사건의 보고서를 각색한 내용이다.

실종 지역은 수도권에 위치한 반도체 회사 앞으로, 회사에는 협력업체를 포함해 2만여 명의 직원이 하루 3교대로 근무 중이었다. 회사에는 20대 여성이 주로 근무하고 있어 그 지역에는 젊은 여성이 많았다.

실종 장소의 특성은 CCTV 최종 확인 장소로 판단한다. 실종 장소는 회사 정문 앞 유흥가 밀집 지역으로 3교대(6시, 14시, 22시) 근무 특성상 24시간 유동인구가 많은 지역이다. 특히 20대 여성이 많아 서울 등 타 지역에서 즉석 만남을 위해서 젊은 사람들이 모여드는 장소였기에 범인이 실종자를 납치하기는 쉽지 않았을 것이다.

• 실종 현장 유흥가 분석

실종자의 마지막 행적이 확인된 회사 앞 유흥가 지역에서 휴대전화가 강제로 꺼지고 현금이 인출되었다. 이는 수사의 기본 사항으로, 지역 관련 조사를 통해 향후 수집할 정보와 함께 용의자를 추정하는 데 매우 중요하다.

실종자의 마지막 행적과 휴대전화가 꺼진 곳, 현금 인출 장소 외에 다른 단서가 없는 상황에서 추론할 수 있는 것은 다음 사항이다. 실종자가 온전한 판단 능력과 저항 능력이 있는 사람이므로, 범인은 실종자를 유인해 어디론가 이동한 후 제압했을 것이다. 이 외에 다른 추론을 확정하기 힘든 상황이었다.

실종 장소를 실종자의 영역이면서도 범인과 관련된 장소(범인의 거주지, 경험지, 기호지 등)로 판단하고 수사를 진행해야 했다.

• 실종자 성향과 실종 지역의 의미

실종자는 실종 1년 전 남자 친구와 동거를 시작하면서 이 지역으로 이주했다. 2010년에 입사하면서 기숙사에 입주

해 회사 앞에서 주로 활동했다. 퇴근 후 소주에 삼겹살을 먹는 것을 좋아해 회사 앞에서 동료들과 삼겹살, 치킨 등 회식 및 식사를 주로 했으며, 회식 후에는 노래방이나 클럽에 가서 즉석 만남을 하기도 했다.

실종자는 애정 욕구가 강하고 이성에 대한 경계심이 상대적으로 약해 회사 앞 유흥가에서 남자들을 만나 욕구를 충족하곤 했다.

• 기회형·선호형 범죄 요소 분류

실종자의 외모·특징·연령·직업·행동 반경 등으로 피해자 요소를 추출하고, 최종 실종 지점으로 추정되는 장소에서 시간·지리·교통이라는 피해 환경 요소를 추출하여, 각 요소의 공통점과 개별점을 확인해 도출되는 지리·환경·피해 노출 정도 등을 통해 사건에 대한 이해의 범위를 넓혀갔다.

범죄 요소는 기회 범죄 요소와 선호 범죄 요소로 나뉜다. 기회 범죄 요소는 '범죄를 용이하게 하는 범인에게 주어진 요소'이며, 선호 범죄 요소는 '범인 자신의 기호에 맞아 선택이 이루어진 요소'를 뜻한다.

회사에 다니는 25세의 여성 실종자, 유흥가라는 장소적 특성, 새벽 3시경이라는 시간적 요소 모두 범인에게 주어진 기회이다. 젊은 남성에게 상대적으로 경계심이 없으며 유흥가에 있었다면, 이는 범행에 적합한 대상이며 따라서 범죄 피해 위험성이 매우 높다.

　이러한 분류의 결과, 범인은 이 지역을 잘 알고 있으며(범인의 거주지 또는 경험지로 판단), 실종자가 거부감을 갖지 않을 정도의 연령대(20~30세)이며, 개인 차량을 이용한 것으로 추정되었다. 범행 목적은 성범죄 또는 강도 등 금품 관련 범죄로 추정할 수 있다. 이렇게 피해자가 되어 범행 장소와 시간에 있어 봤지만, 사건 당시 피해자의 심리를 완벽하게 분석하기는 어려웠다. 그 후 6개월이 지난 겨울, 범인은 연쇄강도살인 사건으로 검거되었고, 피해자는 야산의 얼음이 언 차가운 도랑에서 유기된 시신으로 발견되었다.

피해자의 심리 상태 유형

범죄 피해자는 크게 여섯 가지의 심리 상태를 나타낸다. 피해 상황에 담담하거나 의연하게 대처하는 감정의 마비, 분노, 공포감, 수치심, 자신을 책망하는 비하감, 자신의 존재를 부정하는 무력감이다.

　범죄 피해자들이 가장 먼저 보이는 반응은 대개 분노이다. 누군가 앞에 있는 사람에게 분노를 쏟아낸다. 그 뒤로 세상에 대한 통제감을 잃고 무력감을 느끼게 된다. 그 후 피해자들은 자책하면서 무의식적으로 범죄 피해자가 된 것은 자기 탓이라고 생각한다.

시간이 흐름에 따라 피해자들의 심리는 아래와 같이 변한다. 첫 번째는 충격-혼란 단계로, 범죄 사건 직후 일종의 쇼크 상태에 빠지는 것이다. 범죄의 강한 충격으로 자신이 겪은 사건이 실제로 일어나지 않았다고 부정하거나 믿지 못하는 상태다. 정서적 무감각이나 망연자실, 혼란감을 경험한다. 충격과 놀라움, 공포, 불안, 우울, 상실감, 무력감 등 다양한 정서적 반응을 보이고, 심한 감정의 기복이 나타나기도한다. 이 시기에 소화불량, 두통, 설사, 불면 등 신체 증상도호소한다.

두 번째는 위축 단계다. 피해자들이 범죄 피해 사실을 받아들이고 적응하며, 자신의 성격을 재통합하기 시작한다. 대개 세 달에서 여덟 달 동안 지속되는데, 두려움과 분노, 슬픔과 격앙, 자신감과 무능감, 자기 연민과 죄책감 등 극과 극을오가는 감정 동요를 경험한다. 대부분 여섯 달 안에 심리적증상이 점차 사라지고 회복에 이르는 반면, 일부는 외상후스트레스장애로 진행되기도 한다.

세 번째는 재조직 단계로, 두려움과 분노가 감소하면서점차 일상생활로 돌아가 균형감각을 되찾는다. 이미 벌어진

일은 되돌릴 수 없다는 사실을 받아들이고, 피해 사실을 부정하지 않으며, 평정심을 가지고 현재의 삶에 몰두할 수 있게 된다.

일부 피해자들은 시간이 흘러도 회복되지 못하고 낮은 자기 존중감, 우울증, 죄책감, 공포와 두려움 및 대인관계의 어려움 등 만성적인 후유증을 경험하기도 한다. 이런 피해자를 위해서 우리나라는 심리적, 법률적, 경제적으로 다양한 피해자 보호 및 지원 제도를 운영하고 있다. 경찰은 심리 전문인력을 채용·양성해 강력사건 피해자에게 심리적 응급처치(psychological first aid)부터 사후 연계까지 원스톱 전문 서비스를 지원하고 있다.

공감의 전문가 피해자케어요원

생각하기도 싫지만 내가 범죄 피해자가 된다거나 소중한 가족이 범죄의 피해자가 되었다고 가정해보자. 가장 먼저 어떤 감정이 느껴질까? 아마 경험하기 전까지는 상상도 하지 못할 것이다. 살인 사건 현장에 가면 종종 유족을 만나게 된다. 울부짖는 사람, 화를 내는 사람, 무표정한 사람 등등 반응은 제각각이다.

수사의 첫 번째 대상인 피해자의 행적과 성향을 파악하려면 가장 먼저 유족을 조사해야 한다. 심리학적 지식이 없는 형사들은 큰 동요가 없는 유족들을 보고 '원래 감정이 희박한 사람 또는 정신력이 강한 사람'으로 생각하거나, 혹시 가족 간의 범행이 아닌지 의심하기도 한다. 그러나 가족의 범죄 피해 앞에서 아무렇지도 않은 사람은 없다. 무덤덤한 범죄 피해자는 감정이 마비되어 자신의 감정을 표현하지 못하는 경우가 많다.

이럴 때 힘을 발휘하는 경찰관이 피해자케어요원이다. 피해자케어요원은 강력범죄가 발생했을 때 피해자 심리상담과 치료 등 각종 심리적 지원을 제공하고, 외상후스트레스장애나 2차 피해 예방을 위해 일하는 심리 전문 경찰관이다.

2006년 8월부터 경찰청에서 심리학 전공자 및 관련 분야의 경력자를 경찰 신분의 피해자케어요원으로 특별 채용했다. 피해자케어요원이 되기 위해서는 심리학 학사 이상에 상담 혹은 임상 경력이 3년 이상 필요하며, 임상심리전문가, 상담심리전문가, 정신보건임상심리사 자격증이 있어야 한다.

피해자케어요원은 살인·강도·성폭력 등 강력범죄 피해자와 가족을 대상으로 초기 단계 심리적 위기 개입을 통해 심리적 장애(트라우마)를 예방하고 형사 절차 정보 제공 및 참여 지원, 언론 등에 의한 2차 피해 방지 등의 업무를 한다. 그리고 적절한 전문기관을 연계해 피해자에게 경제적으로도 도움을 주며 피해자 보호·지원 업무와 관련해 일선 경찰서를 지도·감독·교육하는 활동을 한다.

피해자케어요원은 정신적·신체적으로 상처를 받은 피해자와 함께해야 하기 때문에 피해자의 위기 상황에 공감할 수 있는 열린 마음과 상대방을 배려하고 이해하는 마음이 있어야 한다. 경찰 업무에 심리학을 활용하는 사례가 늘어나고 있으므로 향후 고용은 증가할 것으로 전망된다.

3 현장은
무엇을 말하고 있을까?

과학수사라고 하면 우리는 가장 먼저 CSI를 떠올린다. 아마도 미국 드라마 〈CSI: 과학수사대〉의 영향인 듯하다. CSI는 'Crime Scene Investigation'의 두문자로 범죄현장수 사를 말한다. 그러면 우리는 언제부터 과학수사를 시작했을까? 과학수사를 대표하는 최초의 지문 수사는 아르헨티나의 경찰관 후안 부체티크(Juan Vucetich)가 한 것으로 알려져 있다. 영국의 과학자 프랜시스 골턴(Francis Galton)의 저서 《지문(Finger Prints)》을 연구한 부체티크는 두 아들을 살해한 프란시스카 로하스(Francisca Rojas)라는 범인을 지문을 이용해 검거했다. 이것이 세계 최초로 지문을 활용해 사건을 해결한 것으로 알려져 있다. 이후 부체티크는 추가 연구를 통해 지문 분류 체계를 완성했고, 저서 《지문 비교 검사(Dactiloscopía Comparada)》를 출간해 '지문 감식의 아버지'라 불리고 있다.

그 후 1900년대 초반 영국에서 지문을 법정 증거로 채택했으며, 혈액형의 발견과 현미경의 발명이 이어지면서 미세증거물을 수사에 활용하고, 거짓말탐지기가 만들어지는 등 과학적 분석 방법들이 범죄 수사에 응용되기 시작했다.

과학수사에 관심이 많았던 스코틀랜드의 의사 아서 코넌 도일(Arthur Conan Doyle)은 소설의 주인공 셜록 홈스를 자신이 실제 사례에서 얻은 지식을 바탕으로 창조했다. 그가 활동했던 18~19세기에 과학은 많은 발전을 했고, 유럽 여러 나라에 경찰과학연구소가 설립되면서 과학수사가 본격화되었다. 특히 프랑스의 범죄학자 에드몽 로카르(Edmond Locard) 박사는 1910년 최초로 경찰연구소를 설립하고 자신의 범죄 현장 조사 이론을 실제 사건에 적용했다. 1912년 애인을 목 졸라 살해한 혐의로 체포된 에밀 거브린은 확실한 알리바이(현장 부재 증명)가 있다며 무죄를 주장했다. 로카르는 거브린의 손톱 밑에서 피해자가 사건 당일 사용한 화상품 가루를 채취해 현미경으로 관찰하고, 이를 증거로 제시했다. 결국 거브린은 모든 범행을 자백했고, 로카르는 '모든 접촉은 흔적을 남긴다'라는 현대 과학수사의 기본 원칙을 만들었다.

1900년대 중반을 지나면서 과학기술의 발전은 과학수사의 획기적인 발전의 계기가 되었고, 최근 20여 년 사이에 인터넷과 빅데이터 등 IT 기술이 도입됨으로써 과학수사는 그 어느 때보다 빠른 속도로 발전하고 있다. 현재는 첨단 분석 방법이 도입되고 AI 등 인공지능 기술과 결합해 지리적 프로파일링과 같은 더욱 고도화된 분석기술이 범죄 수사에 이용되고 있다.

우리나라 과학수사의 역사

우리나라의 과학수사에 대한 기록은 조선시대부터 있다. 조선시대에 무슨 과학수사를 했을까 싶겠지만 제법 체계화된 방식으로 사인을 밝히고 억울한 사람이 없도록 하려고 노력했다. 조선시대에는 살인 사건이 일어나면 초검문안, 복검문안, 삼검문안으로 3차 이상 검시를 진행했다. 그리고 복검을 할 때는 정확한 검시를 위해 초검 내용을 알 수 없도록 했다. 검안도 지침서에 따라 철저하게 기록하도록 했다. 조선시대는 지금과 같은 과학적 분석 방법이 없었기 때문에 과학수사는 거의 검안과 검시에 의존해야 했다. 따라서 검안과 검시 과정은 매우 중요했다. 특히 피해자가 사망한 사건은 매우 중하게 여겨 수령이 직접 검시에 참여했고, 2차 검시는 감영의 지시를 받아 이웃 고을 수령이 담당해 객관성을 높였다. 결과는 왕에게까지 보고했다.

조선시대에 주검에 관한 수사는 대부분 송나라의《세원록(洗冤錄)》등을 참고하여 원나라 때 왕여(王與)가 편찬한《무원록(無冤錄)》을 따랐다. 세종 때는 최치운(崔致雲) 등이 이 책에 주석을 달아 새로 편찬한《신주무원록(新註無冤錄)》이 발간되어 조선 말까지 사용되었다.

조선시대에는 유교 윤리에 따라 시신을 해부하는 부검은

하지 못했다. 비록 맨눈으로 시신을 살피는 수준이었지만 상당히 과학적이고 논리적으로 진행했다. 예를 들면 독살 여부를 살피기 위해 은비녀를 죽은 사람의 입안과 식도에 밀어 넣어서 변색 여부를 살핀다거나 밥 한 숟가락을 입이나 식도에 넣어두었다가 닭에게 먹여 죽으면 독살로 판단했다. 익사한 시신은 입과 코에서 하얀 물거품이 나오는 것으로 봤다. 만약 하얀 물기품이 없으면 이미 죽은 시신을 물에 빠뜨린 것으로 판단했다. 이렇듯 《신주무원록》에는 사인별 특징 및 사인을 판단하는 방법 등이 체계적으로 자세하게 기술되어 있으며 검시 절차, 보고서 작성 등 수사에 관한 모든 내용이 담겨 있다.

근대 및 현대 우리나라의 과학수사는 1948년 대한민국 정부가 수립되고 10월 21일 경찰이 창설된 이후 같은 해 11월 4일 내무부 치안국에 감식과(법의학계, 이화학계, 지문계가 있었다)가 생기면서 시작되었다. 그래서 우리나라는 매년 11월 4일을 '과학수사의 날'로 정해 기념하고 있다. 그 뒤 1955년 3월 25일 우리나라 최초의 전문 감정 기관인 국립과학수사연구소가 창설되면서 우리나라의 과학수사가 본격화되었다.

우리나라에서 사실상 현대적인 과학수사의 틀이 갖춰진 것은 1990년대 이후이다. 유전자 분석, 미세증거물 및 법최면 등 새로운 분석 방법이 도입되고 첨단 분석 장비가 도입되면서 우리나라의 과학수사는 획기적으로 발전하기 시작했다.

현재는 다양한 과학적 수사 기법과 장비가 개발되어 현장에서도 쉽게 미세증거물, 범죄 프로파일링, 거짓말탐지기 검사 등 과학적 수사 방법을 적용해 수많은 사건을 해결하고 있다.

이른바 'CSI 효과' 때문에 많은 사람이 오해하고 있지만 과학수사가 만능인 것은 아니다. CSI 효과란 텔레비전 드라마가 과학수사 기법의 효과를 지나치게 과장하고 포장하는 바람에 대중의 인식에 과도한 영향을 미치고, 이것이 다시 재판에 영향을 끼쳐 한쪽으로는 '드라마처럼 명확한 법과학 증거'와 '드라마처럼 멋지고 극적인 법과학 증거의 제시'가 이루어질 것을 기대하게 만들고, 다른 한쪽으로는 '법과학 증거는 드라마처럼 완벽할 것'이라는 믿음을 갖게 만드는 효과라고 정의할 수 있다. 그런데 이 CSI 효과는 검찰과 피고 측 모두에게 유리하거나 불리하게 작용할 수 있다. CSI처럼 멋진 증거 제시를 기대했던 배심원들이 검찰과 검찰 측 전문가 증인의 어눌한 말투나 시청각 자료도 없는 빈약한 증거에 실망한 나머지 유죄 가능성이 높은 사건에 무죄 평결을 내릴 수도 있고, 반대로 별것 아닌 증거를 드라마처럼 화려하게 포장하고 현란한 기법을 동원해 제시할 경우 무죄 가능성이 높은 사건에 유죄 평결을 내릴 수도 있기 때문이다.

범죄 현장에서 알 수 있는 것

범죄 현장에 대한 상세한 묘사, 특히 범죄 현장을 촬영한 사진은 범인이 어떤 인물인지 분석하는 프로파일링에서 매우 중요한 자료다. FBI는 1992년 존 더글러스, 로버트 레슬러, 펜실베이니아대학교의 앤 버제스(Ann Burgess), 노스웨스턴대학교의 앨런 버제스(Allen Burgess) 등을 참여시켜 《범죄분류매뉴얼(Crime Classification Manual)》을 만들었다. 이 책의 '범죄 현장에서 알아낼 수 있는 것'이라는 장에는 범죄 현장을 대하는 수사관은 반드시 다음과 같은 의문을 제기해야 한다고 적혀 있다.

범행은 실내에서 일어났는가, 실외에서 일어났는가? 언제 일어났는가? 어디에서 일어났는가? 범인은 현장에 얼마나 오래 머물렀는가? 범인은 모두 몇 명인가? 범죄 현장에 남은 물리적인 증거들로 판단할 때 범행은 우발적으로 일어났는가, 아니면 철저하게 준비된 것인가?

범죄 현장은 완벽하게 깔끔할 수도 없고, 완벽하게 무질서할 수도 없다. 실제로는 양극단 사이에 존재하는 수준이다.

범인은 무기를 준비해 왔는가, 아니면 범죄 현장에서 우연히 집어들었나? 범행에 사용한 무기가 현장에 남았는가? 두 개 이상의 무기가 사용된 흔적이 있는가? 범인이 사체를 일부러 사람들 눈에 잘 띄도록 해놓았는가, 아니면 사체를 숨기거나 묻었는가? 범인은 사체가 발견되거나 말거나 신경 쓰지 않았는가?

원래 현장에 있던 물건이 없어졌거나 반대로 현장에 원래 없던 물건이 발견되었을 때도 주의 깊게 확인해야 한다.

범인이 어떻게 피해자를 제압했는가? 살인 도구 같은 것들이 범죄 현장에 동원되었는가? 아니면 범인이 아무런 준비도 하지 않았다가 갑자기 피해자를 공격했는가?

이런 질문들을 토대로 FBI는 계획적 범죄자와 우발적 범죄자의 전형적인 특징을 분류했다. 계획적 범죄자는 평균 혹은 그 이상의 지능지수에 사회적으로 능력이 있고 숙련된 노동자 또는 전문가일 가능성이 크며, 성적 능력이 좋고 출생환경도 좋다. 아버지의 취업 상태는 안정적이지만 자식 교육에는 관심이 없고, 범행을 저지를 때 침착하며 범행과 관련해 술을 마시고, 범행 상황에 스트레스를 많이 받고 동반자와 함께 생활한다. 자동차를 소유하고 있어 이동성이 높고 자신이 저지른 범행에 대한 언론 보도에 관심이 높다. 범행 후 직업을 바꾸거나 이사를 한다.

반면에 우발적 범죄자는 평균 이하의 지능지수이며 사회에 적응하지 못하고, 단순 노동자일 가능성이 크다. 성적으로 무능하고 출생 환경이 나쁘다. 아버지의 취업 상태가 불안정하며 자식을 엄하게 대한다. 범행을 저지를 때 불안하며 범행과 관련해서 거의 술을 마시지 않고, 범행 상황에서 스트레스를 거의 받지 않는다. 가족 없이 혼자 생활하고, 범행 현장 부근에 집이나 직장이 있다. 자신이 저지른 범행에 대한 언론 보도에 관심이 없고, 범행 후 약물 복용 등 상당한 행동 변화가 있다고 분류했다.

뛰는 범인 위에 나는 과학수사요원

요즘 과학적인 수사 기법을 동원해 멋지게 사건을 해결하는 '과학수사요원'이 인기가 많다. '뛰는 범인 위에 나는 과학수사요원'이라고 해도 과언이 아니다. 상상을 초월하는 범죄자들의 기발한 범행 수법도 과학수사요원들 앞에선 아무 소용 없다. 미국 드라마 〈CSI: 과학수사대〉가 우리나라를 비롯한 세계 50여 개 나라의 안방을 휩쓴 이유다.

　2000년에 첫 방송을 시작한 드라마는 출발과 함께 거센 비난을 받기도 했다. 경찰과 검찰은 "실험실에만 있어야 할 법과학자들이 현장을 누비고, 증거 채증만 해야 할 과학수사요원들이 범인을 검거하는 드라마의 모습은 잘못되었으며, 수사 현실을 왜곡한다"고 비판했다. 그리고 미국 '학부모시청

자위원회'는 드라마가 지나치게 자극적이고 폭력적이고 선정적이라며 폐지를 촉구했다. 하지만 CBS는 이에 굴하지 않고 방송을 지속했으며 2002년부터는 '미국에서 가장 시청률 높은 드라마', '전 세계에서 가장 많이 시청하는 텔레비전 프로그램'으로 선정되었다.

드라마의 성공은 '멋진 CSI 요원'이 되고 싶다는 학생들의 관심으로 이어졌다. CSI에 관심이 많은 학생이 증가하자 '법과학(forensic science)' 혹은 '수사과학(investigative science)' 학위 과정을 개설하는 대학이 늘어나고, 관련 학과의 정원이 늘어났다. 하와이 차미나드대학교 법과학과의 정원은 열다섯 명이었는데 드라마 방영 후 100명으로 늘어났고, 2000년까지 열다섯 명이던 웨스트버지니아대학교의 과학수사 전공 학생은 2006년 500명으로 폭증했다. 교육 시장에서 'CSI 수요'가 폭발하자 법과학이나 수사과학 전공 과정이 없던 대학들도 앞다투어 신규 과정을 개설하기 시작했다. 하지만 급조된 부실 학과의 난립이라는 학계와 사회의 우려가 현실이 되었다. 결국 법무부 산하 연구소인 사법연구소(National Institute of Justice, NIJ)에서 CSI 신드롬에 대한 연구를 수행한 뒤 전문적이고 체계적인 인증 시스템 도입을 권고했다. 지금은 '미국법과학회(American Academy of Forensic Science, AAFS)'에서 전공 교수, 시설, 기자재, 교육 과정 등을 철저히 검증한 후에 인증하고 있다. CSI를 꿈꾸며 미국 유학을 준비 중인 학생이라면 지원 대상 학과가 미국법과학회의 인증을 받았는지를 반드시 확인해야 한다.

현재 우리나라 대학교에는 명확하게 과학수사와 관련된 학과는 거의 없다. 학사학위 전공심화과정에 과학수사학과가 있긴 하지만, 대부분 특수전문대학원 과정에 과학수사학 관련 학과가 있다. 최근에는 우리나라에서도 인기가 높아지면서 일반대학원 과정에 과학수사학과가 생겨나고 있다.

우리나라 경찰에서 과학수사요원이 되려면 크게 두 가지 과정을 거쳐야 한다. 첫 번째는 기존 경찰관들을 대상으로 하는 내부 선발과 전공 학위 및 자격으로 선발하는 경력 채용이다. 과거에는 형사 경험이 있는 경찰관 중에서 뽑는 내부 선발 위주였으나, 범죄 수법이 발전하고 연쇄살인, 묻지마 범행 등이 늘어나면서 과학수사에 대한 전문성의 필요성이 커져 2013년 처음으로 일반 과학수사요원을 특채하기 시작해 매년 20여 명의 과학수사요원을 경력 채용하고 있다. 과학수사요원 경력 채용 제도는 법과학, 과학수사 관련 전공자들을 대상으로 일반과학수사, 화재안전, 생체증거, 영상·광원 등 분야별로 시행되고 있다.

과학수사요원 경력 채용에는 과학수사 관련 분야 학사학위 이상의 소지자만 응시할 수 있다. 학사는 학과 또는 전공

명이 관련 분야에 해당할 경우 응시할 수 있고, 석사 이상은 학과명에 관련 없이 전공명 또는 학위명이 관련 분야에 해당할 경우 응시할 수 있다. 관련 분야를 살펴보면 일반 과학수사 분야에서는 과학수사학, 법과학, 법의학, 범죄수사학, 범죄학, 형사학이 포함되고 화재안전 분야에서는 안전공학, 소방방재학, 물리학, 화학, 전기학, 건축학이 포함된다. 생체증거 분야에서는 생물학, 생명공학, 생명과학이 포함되고 영상 · 광원 분야에서는 영상학, 영상콘텐츠학, 영상미디어학, 영상멀티미디어학, 광학이 포함된다.

4 형사들은 밤마다
무엇을 할까?

사회가 복잡해짐에 따라 현대 경찰에는 많은 수사 부서가 생겨났다. 하지만 살인, 강도, 절도, 방화, 폭력 등과 같이 우리 생활에서 가장 무섭고 위험한 범죄를 담당하는 경찰의 주역은 형사과이다. 형사과에서 직접 수사 업무를 담당하는 사람을 형사라고 부른다. 형사과도 강력반, 폭력반, 마약반, 지원반 등으로 업무가 나뉘지만, 형사과에 근무하면 기본적으로 현장을 누비고 다니면서 범인을 검거하고, 때로는 잠복근무를 하고, 흉기를 든 범인과 격투를 벌이거나 권총을 쏘기도 한다.

강력범죄자는 도주하거나 은신하면서 또 다른 범행을 하기 때문에 신속하게 검거하는 것이 가장 중요하다. 그래서 형사들은 범죄자들의 신원을 빠르게 파악하고 증거를 찾아 범인을 검거하기 위해 매일 잠복근무와 출장 등 힘든 업무를 하고 있다.

영화나 드라마에서 주인공으로 등장하는 멋진 모습과는 달리 형사는 밤낮을 가리지 않는 힘든 업무를 하기 때문에 오래전부터 서로 형사를 하지 않으려는 분위기가 있다. 강력사건 수사는 경험이 중요한데, 젊은 경찰관들이 기피하다 보니 오랜 세월 근무해 현장 경험이 풍부한 선배 형사가 후배 형사에게 수사 경험을 전해주지 못하고 있는 실정이다.

2019년 1000만 관객을 넘은 영화 〈극한직업〉은 치킨집을 인수한 마약반 형사들이 주인공이다. 형사들이 치킨집을 운영한 이유는 치킨집 맞은편 건물에 있는 마약 판매 조직의 아지트를 감시하기 위해서다. 형사들은 낮에는 치킨 장사를 하고 밤에는 잠복근무를 한다.

잠복은 범인이나 적군을 색출하거나 방어하기 위해 예상 출현지에 몰래 숨어서 지키는 것이다. 이렇듯 형사들은 범인을 검거하기 위해 낮과 밤을 가리지 않고 잠복근무를 했으나, 지금은 CCTV나 자동차 블랙박스가 보편화되어 잠복근무의 방식도 변화하고 있다.

요즘은 CCTV나 스마트폰, 카드 사용처 등을 바탕으로 범인의 소재와 동선을 먼저 추적하고 잠복은 범인을 검거하기 위한 최종 단계에서 하고 있다. 그래도 여전히 잠복은 범인과의 길고 지루한 싸움이다. 대부분 범인의 은신처 앞에 차를 세우고 기다리는데, 시동을 켤 수 없어서 여름에는 더위와, 겨울에는 추위와 싸우고 식사도 빵과 우유로 해결해야 한다. 기다려도 범인이 집에서 나오지 않을 때는 택배 기사, 음식물 배달원으로 가장한 채 범인의 은신처에 침입해 검거하기도 하는데, 그럴 때 매우 위험한 상황이 발생하기도 한다.

프로파일러와 형사의 관계

프로파일러는 형사처럼 범죄 현장에서 직접 범인을 검거하지는 않지만, 형사들이 범인을 쉽게 찾아서 검거할 수 있도록 도와준다.

프로파일러는 용의자가 특정되지 않은 사건에서 우선 수사해야 할 용의자 유형 또는 전과자 명단을 형사에게 제공해 신속하게 범인을 검거하도록 지원한다. 그리고 연쇄성 범죄의 지리적 프로파일링을 해 범죄자의 거주지 또는 다음 범행지를 예측해 사건을 해결할 수 있도록 도와주고, 검거한 범인이 자백하지 않을 때 신문에 함께 참여해 범죄자가 자백할 수 있도록 도와준다.

이렇게 보면 프로파일러가 형사에게 '이렇게 해라' 또는 '저렇게 해라'라고 하면서 수사를 지시하는 것처럼 보일 수 있다. 하지만 사실 프로파일러가 사건을 분석하기 위해서는 형사들이 발로 뛰면서 탐문한 자료와 통신 자료, 각종 CCTV 자료, 참고인 조사 자료 등이 있어야 한다. 프로파일러는 그 자료를 분석해 용의자에 대한 정확한 수사 정보를 판단할 수 있다. 즉 아무리 훌륭한 요리사라 해도 재료가 좋아야 맛 좋은 요리를 할 수 있는 것과 같다. 프로파일러 혼자서는 아무것도 할 수 없다. 이렇게 프로파일러와 형사는 상호 보완적인 관계에 있다. 중요 사건에 대해 거의 모든 것을 형사와 함께 해결한다고 할 수 있다.

그리고 프로파일러에게 또 하나 중요한 것은 형사들이 확증편향(confirmation bias)에 빠지는 것을 막는 일이다. 처음 프로파일러를 채용할 때는 경찰 내부에 있는 심리학 전공자나 경험이 풍부한 베테랑 형사 중에서 선발해 교육해도 될 텐데, 굳이 외부에서 채용하느냐는 문제 제기도 있었다. 그러나 수사 경험이 없는 심리학 전공자 또는 외부 전문가를 채용한 이유는 수사에 대한 확증편향에 좀더 객관적인 시선을 가진 수사요원이 필요했기 때문이다.

확증편향은 자신의 신념과 일치하는 정보는 받아들이고 신념과 일치하지 않는 정보는 무시하는 경향을 말한다. 쉽게 말하면 '사람은 보고 싶은 것만 본다'는 식이다. 형사들이 특히 확증편향에 빠지기 쉬운데, 예를 들면 어떤 용의자가 범죄자가 아님에도 범죄자라고 확신하게 되면, 그 용의자 외에 다른 사람은 보이지 않고 그 용의자가 범죄자라는 증거만 수집하게 되는 것이다.

프로파일러는 형사들이 혹시 확증편향에 빠진 것은 아닌지도 보완해주고 있다. 그런데 프로파일러도 사람이기 때문에 형사와 같이 확증편향에 빠지는 경우가 있다. 다음은 필자가 형사들과 같이 확증편향에 빠졌던 사건을 각색한 것이다.

확증편향에 빠진 형사와 프로파일러

지방에서 여중생이 가출했다는 신고가 접수되었다. 여중생의 행방을 찾던 실종수사팀 형사들은 여중생이 카톡 문자를 주고받다가 마지막으로 만난 대학생 A를 찾아냈다.

A는 잘생긴 외모에 서울 소재 대학교를 다니다가 의대를 목표로 재수를 하고 있는 모범생이었다. 그에게는 말 못 할 콤플렉스가 하나 있었는데, 그것은 평소 이야기를 할 때 얼굴 근육이 떨리고 말을 더듬는다는 것이었다. 긴장되는 상황에서는 더 심해져 아예 말을 못 하는 상황에까지 이르렀다.

이른바 틱장애(tic disorder)다. 틱은 특별한 이유 없이 자신도 모르게 얼굴이나 목, 어깨, 몸통 등의 신체 일부분을 아주 빠르고 반복적으로 움직이거나 이상한 소리를 내는 것을 말한다. 전자를 운동 틱(근육 틱), 후자를 음성 틱이라고 하는데, 이 두 가지 틱 증상이 모두 나타나면서 전체 유병 기간이 1년을 넘는 것을 투렛병(tourette's disorder)이라고 한다.

처음에 A는 여중생을 모른다고 진술했다. 이미 카톡 문자를 확인한 형사는 그의 거짓말에 화를 내며 카톡 문자를 제시했다. 순간 창백해진 A의 얼굴은 심하게 떨렸고, 말을 하지 못했다. 범죄자들은 늘 이렇게 거짓말을 하고 불리한 상황에서 꾀병을 부리기 일쑤다. 투렛병에 대해 잘 알지 못했던 형사들은 A가 여중생을 살해한 것으로 판단하고 긴급체포했다.

하지만 얼마 지나지 않아 꾀병이 아니었다는 것을 알고 당황한 형사들은 그를 안정시키기 위해 조치했다. 그러나 그는 쉽게 안정되지 않았다. 뭘 더 어떻게 해야 할지 몰랐던 형사들은 프로파일러인 내게 심문을 의뢰했다.

사건을 의뢰받은 나는 형사의 상황 설명을 들으며 A에게 틱장애가 있다는 것을 직감할 수 있었다. 틱 증상은 고의로 만들어내는 것이 아니라 뇌의 이상에서 비롯되는 병이므로 A를 조사할 때 나무라거나 비난하기, 놀리기, 지적하기 등은 피하는 것이 좋다고 형사에게 알려주었다. 그리고 조사할 때 가장 효과가 좋은 대책은 증상을 무시하고 증상에 관심을 주지 않는 것이라고 말했다.

A와 수사 면담을 했다. 여전히 고개를 숙인 그의 얼굴근육이 심하게 떨리고 있었고, 말을 하지 못했다. 나는 일단 심리학을 전공한 프로파일러라고 소개했다. 심리학을 전공했다는 말에 갑자기 그가 고개를 들고 나를 바라보았다. 무엇인가 자신의 병을 이해해주고 도와줄 것이라 기대하는 눈빛이었다. 떨리는 목소리로 말을 시작했다.

A는 잘생긴 외모에 공부도 잘하는 모범생이었으나, 투렛병 때문에 학교에서 친구들과 어울리지 못했다. 그래서 서울 일류대에 진학해 자신의 병을 이해해주는 여자친구를 만나는

것이 작은 소망이었다고 진술하게 이야기했다.

서울의 대학교에 진학했음에도 여성 앞에만 서면 긴장해 병이 더욱 심해지는 것을 느끼게 되었고, 병을 고치고 싶다는 생각에 의대를 가기 위해 재수를 선택했다. 그러던 중 쉽게 여성을 만나는 방법을 찾다가 자살사이트에서 자기보다 어리고 자살을 생각하는 여자를 만나 욕구를 충족하기로 했다.

자살사이트에 접속한 A는 깜짝 놀랐다. 생각보다 자살을 생각하는 사람들이 많았던 것이다. 그는 어차피 자살할 사람들이기 때문에 자신의 욕구를 채워도 괜찮다는 생각으로 합리화하며 죄의식을 갖지 않았다.

그때 여중생이 인터넷 자살사이트에 동반 자살과 관련된 글을 남겼고, 그 글을 본 A는 여중생에게 같이 자살하자며 수도권 인근의 야산으로 유인했다. 그러나 그는 자살할 마음이 없었기 때문에 야산에서 여중생에게 술을 먹여 성폭행한 뒤 산에 버려둔 채 혼자 내려왔다고 했다. 그리고 여중생의 행방은 찾을 수가 없었다.

처음에 A는 여중생을 모른다고 진술했다. 그러다 카톡 문자를 보여주자 동반 자살을 생각하고 만났다가 무서워서 혼자 왔다고 거짓 진술을 했다. 또 A의 휴대전화를 복원해 여중생의 나체사진을 보여주자 성폭행을 했다고 진술했다. 성폭행을 하며 여중생의 나체사진을 찍었던 것이다. 이렇듯 A는 증거가 나오는 부분만 사실대로 진술했다. 수사팀에서 나체 사진을 찾아내지 못했다면 그는 성폭행 관련 진술을 하지 않았을 것이다.

문제는 여전히 여중생의 행방을 찾을 수가 없는 데다 성폭행 과정 중 우발적으로 살해하고 시체를 유기했다고 생각하는 수사팀에게 계속 거짓말을 하는 A가 신뢰를 잃어가고 있다는 것이었다(그의 거짓말은 살인 피의자로 의심을 받기에 충분했다). A의 범행을 확신한 형사들은 나에게 범행 자백을 받아달라고 계속 요청했다.

A는 여중생의 글을 보고 자신도 같은 처지라며 유혹했고, 동반 자살을 가장해 만나 술을 먹이고 성폭행했다. 그는 자신의 목적을 달성했기 때문에 여중생을 야산에 버려두고 혼자 내려왔고, 그 후 여중생의 행방은 모른다고 계속해 진술했다.

A가 어떤 방어기제로 사건을 부인하는지 파악하기 위해 계속 면담을 이어갔다. 하지만 그의 방어기제를 파악할 수 없었고, 그는 계속해서 억울함을 호소했다. 프로파일러로서 그가 범인이라는 것에 점점 확신이 사라져갔다.

조심스럽게 팀장에게 A가 성폭행은 했지만, 살해한 것 같지는 않다고 보고했다. 팀장은 불같이 화를 내며 지금까지 나온 그의 거짓말과 여중생의 행방을 찾을 수 없는 것을 어떻게 설명할 것이냐고 다그쳤다. 팀장의 지적에 할 말이 없었다. 프로파일러로서 엿보았던 그의 진솔함을 나 자신도 설명할 수가 없었다. 당연히 범죄자는 거짓말을 하는 존재라고 생각할 무렵 수사회의가 소집되었다.

수사회의의 결론은 A가 살인 범행 후 시체를 숨겼다는 것이 거의 확실하다는 것이었고, 프로파일러가 A의 자백을 받아 증거(시신)를 찾아야 한다는 것이었다. 혼란스러웠으나 수사회의에서 프로파일러로서 그의 자백을 받아내겠다고 했다.

사건 발생 후 일주일이 지났으나 A는 계속해서 범행을 부인했고, 발견되는 증거와 정황은 그에게 더욱 불리할 뿐이었다. 이 무렵 나는 머리를 한 대 얻어맞는 것과 같은 충격적인 사실을 알게 되었다. 산에서 내려온 여중생이 버스를 타고 어디론가 가는 CCTV 영상이 일주일이 지나 발견된 것이다.

A와 수사 면담을 하면서 그의 진솔함을 엿보기도 했고, 그가 범인이라는 확신이 점점 사라져갈 무렵에도 대부분의 범인이 이런 식으로 거짓말을 한다고 생각하면서 어떻게든 자백을 받아내야 한다고 마음을 다잡았다. 그랬는데 그의 진술이 모두 사실로 드러난 것이다. 프로파일러로서 큰 실수를 했다는 사실이 부끄러웠고, 그를 두 번 다시 볼 면목이 없었다.

프로파일러가 형사에게 항상 강조하는 것이 확증편향을 경계하라는 것이다. 이 사건 이후 프로파일러인 나도 생각의 오류에서 벗어날 수 없는 인간이라는 것을 깨달았다. 또한 프로파일러로서 형사들과 한 번 더 다르게 생각하고 확신을 끝까지 밀고 나가야 할 책임이 있다는 것도 깨달았다.

경찰의 꽃 형사

형사는 국민의 자유와 권리를 보호하고, 사회공공의 질서 유지를 위해 각종 범죄의 수사를 전담하는 경찰관이다. 수행하는 직무의 종류에 따라 형사, 수사, 외사 등으로 구분되지만, 일반적으로 형법과 특별법이 적용되는 범죄자를 검거하는 역할을 한다.

실제 범죄 수사는 다양한 분야의 많은 사람이 매우 복잡하고 체계적인 과정과 절차에 따라 분업과 협업을 한다. 우선 강력사건이 발생하면 가장 가까운 곳에 있는 지구대 경찰관이 현장으로 출동해서 부상자 구호 및 응급조치, 현장에 있는 용의자 체포 또는 수배, 목격자 인적사항 확인, 현장 보존 및 출입 차단을 한다. 이후 과학수사요원들이 현장에 도착해 오랜 시간에 걸쳐 현장 사진을 찍고 지문 등의 증거를 수집하는 등 현장감식을 진행한다. 만약 시체가 있다면 검시관이나 외부 촉탁 검안의가 검시를 한다. 현장감식이 마무리되면 수집된 증거들은 분석을 위해 실험실로, 시체는 부검을 위해 국립 과학수사연구원의 부검실로 옮겨진다.

그 사이 사건 담당 형사와 수사진이 확보된 목격자 등 참고인을 대상으로 긴급 조사와 현장 탐문 및 수색을 진행하고 현장 상황을 파악한다. 이러한 '초동수사'가 끝나면 법의학 전문가는 시체 부검을 통해 사망의 원인과 시기 등을 밝히고, 법과학 전문가는 증거물 분석과 감정을 실시한다. 프로파일러 등 범죄 분석 전문가는 확인된 사실과 증거를 토대로 사건을 재구성하고 용의자를 분석해서 수사를 지원한다.

사건 담당 형사 등 수사진은 수사회의를 거쳐 수사 방향을 설정하고, CCTV 등 추가 증거를 수집하며, 피해자 주변 인물과 동일 수법 전과자, 인근 거주 우범자 등 행적을 확인해야 할 대상들을 조사한다. 때로는 범인이 버린 휴지나 담배꽁초, 범행 도구 같은 중요한 증거를 찾으려고 현장 인근 쓰레기통을 뒤지기도 한다.

범죄 현장 출동, 현장감식, 증거물 분석, 탐문 수사, 추적 및 수색, 범인 검거 등을 모두 수행하는 드라마의 CSI와 달리 현실의 CSI는 복잡하고 다양한 수사 절차 중 사건 현장을 관찰하고 증거를 수집하는 매우 특정한 영역만 담당한다. CSI가 수집한 증거에 대한 분석 및 감정은 법과학 전문가의 몫이고, 용의자를 추적해 검거하는 것은 강력계 형사의 몫이다.

형사가 되기 위해서는 법률에 관한 제반 지식과 경찰과 직무 집행 절차 및 방법을 이해하고 습득하며 실제에 적용할 수 있는 학습 능력이 있어야 한다. 또 법률 전문용어를 이해하고 모든 계층의 사람들과 효과적으로 소통할 수 있는 언어 능력도 필요하다. 그리고 범죄 현장 및 증거물의 종류와 상태를 보고 범행 상황을 마음속으로 그릴 수 있는 공간 판단력과 경찰 직무 수행에 필요한 문서나 기록을 작성, 관리할 수 있는 사무 능력도 필요하다. 범인을 추적 · 체포 · 호송하고, 부상자를 운송하며, 자동차를 운전하고, 각종 경찰 업무 수행에 필요한 무기류를 취급하는 데 필요한 재능 및 체력도 있어야 한다.

5 목격자의 말은
믿을 수 있을까?

기억은 정보를 저장하고 인출하는 과정 혹은 능력이라고 할 수 있다. 사람은 일반적으로 감각기관을 통해 접한 정보 중 자신과 연관성이 있다고 판단되는 것을 단기기억으로 남긴다. 20초 전후 길이의 짧은 기억인 단기기억 중 의미 단위가 군집화하거나 이미지화해 오랫동안 유지되면 장기기억이 된다. 그렇다면 범죄 목격자의 기억은 믿을 수 있을까? 결론부터 말하면 '아니다'이다.

심리학자들은 오래전부터 목격자의 범인 식별이 잘못될 가능성이 크다는 지적을 많이 해왔다. 목격자 범인 식별 진술은 중요한 수사 수단이지만, 목격자의 잘못된 증언으로 진범이 아닌 사람들이 유죄 선고를 받게 되는 경우도 있다. 이런 경험이 쌓이면서 목격자 증언의 신뢰성에 의문이 제기된 것이다. 어떤 연구에서는 약 50퍼센트의 목격자 식별이 정확하지 않다고 한다.

그런데도 미국에서 국민참여재판제도에 따라 배정된 배심원들은 목격자 증언을 평균적으로 약 80퍼센트 신뢰하며, 목격자의 진술이 일관성 없이 오락가락할 때도 목격자가 확신을 보일 때는 그 진술을 신뢰하는 것으로 나타났다. 그런데 실제로 증인의 증언으로 유죄가 선고된 사람들이 DNA 등 과학적 증거로 무죄로 판명된 사례들이 있어 목격자 진술이 정확하지 않다는 것이 입증되었다. 200건의 잘못된 사례 중

52.3퍼센트가 목격자 때문에 생긴 것이고, DNA 등 과학적 증거로 무죄가 확인되어 석방된 39건의 사례 중 90퍼센트가 목격자의 지목 오류 때문인 것으로 나타났다. 또 2003년까지 DNA 검사에 의해 진범이 아니라고 밝혀져 석방된 사례들의 75퍼센트가 목격자 지목의 잘못된 사례들이었다.

사회학자인 리처드 오프셰(Richard Ofshe)는 판사의 잘못된 판결에 대해 "최악의 직업적 과실이다. 이건 마치 의사가 멀쩡한 팔을 자른 것과 같다"라고 지적했다. 판사들의 오류는 자기 정당화(self-justification) 때문에 발생한다고 한다. 이미 범인이라는 편견을 갖게 되면 다른 증거들을 무시하고 잘못된 결정에 매달리는 편향에 빠지게 되며, 나중에 잘못된 판단에 대한 사실을 인정하지 않을 가능성 또한 커진다. 그런데도 미국의 형사사건에서 목격자 진술의 신빙성을 판단하는 것은 범죄 심리 전문가가 아니라 재판에 참여하는 배심원들이다. 이런 이유로 미국 법원에서는 목격자 증언의 신빙성 판단을 전문가에게 의뢰하지 않아서 잘못 판결하는 사례가 많다고 한다.

우리나라에도 비슷한 연구가 있다. 김상준 전 서울고등법원 부장판사의 〈무죄판결과 법관의 사실인정에 관한 연구〉에 따르면 1995년부터 2012년까지 1심에서 유죄선고가 났다가 2심에서 무죄로 바뀐 540건 중 피해자·목격자가 범인을 잘못 지적한 사례는 모두 112건(20.7퍼센트)에 달하는 것으로 나타났다. 그리고 수사 단계에서 "용의자 한 사람을 단독으로 목격자가 대질하는 것은 해당 인물이 범인으로 의심받고 있다는 무의식적 암시를 목격자에게 줄 수 있어 신빙성이 낮다"는 대법원 판례가 있다. 그 후 수사기관에서는 목격자 진술의 정확성을 높이기 위해 비디오 라인업(다수의 비슷한 용의자를 세워놓고 그중에서 목격자가 범인을 지목하는 수사 절차) 시스템을 도입했다.

정확성을 결정하는 요인

목격 진술의 정확성을 결정하는 요인에는 목격자가 범인의 얼굴을 볼 수 있는 최소 20초 이상의 충분한 시간(시간, 조도 등), 목격 당시 목격자의 주의력(예건), 범죄 상황에 대한 목격자 진술의 정확성(지능, 나이, 기억력), 범인 지목 당시 목격자의 확신, 목격 시점과 범인 지목 시점의 간격 등이 있다.

목격자의 진술에는 다음과 같은 특성이 있다. 첫째, 목격자는 용의자로 제시된 사진 중에서 자신이 목격한 범인의 특성에 관한 기억 내용과 상대적으로 가장 일치하는 인물을 지목하는 상대적 지목을 한다. 여러 명의 용의자 중에서 최후까지 배제되지 않는 인물 혹은 가장 나중에 배제되는 인물을 범인으로 지목하는데, 지목한 인물이 진범이라는 절대적 확신이 없어도 범인으로 지목한다. 이 경우 용의자를 상대적으로 판단해 잘못 식별할 가능성이 커지므로 용의자 사진을 보여주는 선면수사 시 사진을 한꺼번에 제시하는 것보다 하나씩 차례로 제시하는 것이 잘못된 식별의 가능성을 낮추는 데 도움이 된다.

둘째, 대부분의 목격자는 범인의 모습을 정확하게 기억하지 않으며, 수사관들이 알아서 잘 수사해 용의자를 검거했을 것이라고 믿는다. 반대로 수사관들은 자신들이 체포한 불확실한 용의자를 목격자가 분명하게 가려주기를 바라는 마음이 있어서 목격자와 수사관은 각기 상대방의 표정, 눈빛의 미세한 움직임에 예민하게 반응할 수밖에 없다. 물론 목격자가 수사관에게 더 큰 영향을 받는다. 범죄 현장에서는 범인의 모습을 대부분 어둡거나 다급하거나 공포스럽고 불완전한 여건 속에서 지각한다. 반면 경찰에서 보여주는 사진은 상대적으로 더 또렷할 뿐 아니라 정확한 지각을 위한 이상적인 여건 속에서 관찰된다. 또한 범인의 인상에 대한 목격 시점보다 경찰에서 보여주는 사진의 관찰 시점이 더 최근이다. 따라서 경찰에서 용의자 사진을 관찰한 목격자는 그 이후에 사진 속의 용의자를 범인으로 기억하는 오류를 범하게 된다.

셋째, 목격자는 범인을 지목한 후에 불안한 심리 상태를 경험하게 되는데, 이러한 불안한 심리 상태가 긴장을 유발한다. 이에 목격자는 긴장을 해소하고 항상성을 회복하기 위해 자신이 지목한 사람이 범인임을 지지할 수 있는 추가 단서들을 모색하게 된다. 특히 목격자의 진술이 상세할수록 실제로 목격한 것과 관계없는 정보나 추측이 혼합될 가능성이 커지며 오히려 오류가 많아지게 된다. 여키스-도슨법칙(yerkes-dodson law)에 따르면, 목격자의 기억은 적당한 스트레스 상태일 때 가장 촉진되고 스트레스가 없거나 과도한 경우에는 기억 활동이 한정된다. 그런데 기억 대상을 사건의 중심적 사항(범인의 행동)과 말초적 사항(범인의 신발)으로 구별하면, 정서적 스트레스는 중심적 사항에 관한 기억을 강화하는 경향이 있지만, 말초적 사항에 대한 기억은 약화한다. 그밖에 목격자 진술의 부정확성에 영향을 미치는 것은 목격자의 나이나 지적 수준, 사건 전 음주 여부, 기억의 간섭으로 인한 정보의 사후동화과정(역행기억간섭 과정) 등이 있다. 그리고 와타나베의 연구에 의하면, 목격자와 범인의 나이 차가 클수록 범인의 나이 추정이 더 부정확해지는 경향이 있다고 한다.

기억의 오류와 한계

목격자는 사건을 해결하는 데 실마리가 될 수 있는 단서를 제공하기도 하고, 범인을 체포하는 데 결정적인 역할을 하기도 하므로, 목격자 증언은 이루 말할 수 없이 중요하다.

어느 연구 결과에 따르면, 미국에서 매년 부정확한 목격자의 증언으로 발생하는 판결 오류가 3,000여 건인 것으로 나타났다(Saragin, 1986). 이러한 연구 결과만을 놓고 보면 목격자 증언은 법정에서 채택하거나 신뢰할 수 없는 증거처럼 보인다. 또한 뉴질랜드 빅토리아대학교의 메리언 개리(Maryanne Garry) 교수는 미국에서 유죄 판결이 내려진 범죄의 3.5퍼센트는 잘못된 판결로 밝혀졌고, 이 중 절반은 기억 문제 때문에 발생한 것이라고 했다. 개리 교수는 사람들의 기억이 어떻게 왜곡되는지를 연구했는데, 연구 결과 대부분의 사람이 자신의 기억력이 캠코더처럼 사실을 기록한다고 믿고 있으나 실제로는 그렇지 않은 것으로 나타났다. 사람은 사실을 있는 그대로 기억하기보다는 사건의 핵심만을 기억하는 경향이 있고, 어떤 범죄가 발생하고 나서 단 20분만 지나도 목격자들의 기억은 흐려지기 시작한다는 것이다. 사람들은 심지어 기억을 만들어내서 사실인 것처럼 믿기까지 한다고 말했다. 개리 교수는 "기억은 일정한 시간이 지나면 전혀 쓸모없는 것이 되

125

어버리기 때문에 과학수사에서 재빨리 증거를 수집하기 위해 노력하는 것처럼 기억에 대해서도 같은 방식을 적용해야 할 것"이라고 조언했다.

목격자 증언의 무게

기억은 다른 것에 간섭(interference)을 받아 왜곡될 수 있다. 예를 들어 범죄 발생 직후에 경찰이 목격자와 면담하면서 용의자의 사진 여러 장을 보여주었다. 앞에서 보았듯이 이를 선면수사라고 하는데, 그 후 경찰이 목격자가 본 사진에 있던 인물을 체포했다. 이제 목격자는 체포된 용의자를 보게 되는데, 분명 전에 사진으로 본 사람 중 한 명이지만 범죄 현장에 있던 사람이라고 잘못 지목할 가능성이 있다.

실제로 호주에서 간섭으로 인한 기억 왜곡 사례가 발생했다. 주인공 도널드 톰슨(Donald Thomson)은 기억을 연구하던 호주의 심리학자인데, 1975년 어느 날 갑자기 강간범으로 지목되었다.

시드니에서 한 여성이 한낮에 텔레비전을 보고 있다가 문을 두드리는 소리를 들었다. 문을 연 그녀는 폭행과 강간을 당한 뒤 의식을 잃은 채 방치되었다. 정신이 든 그녀가 경찰에 연락했고 출동한 경찰은 폭행범의 인상착의를 물어보았다. 피해 여성은 톰슨의 얼굴을 아주 정확하게 기억하고 있었다. 피해자가 동시에 유일한 목격자가 되는 경우가 대부분인 강간범죄의 특성상 피해 여성이 톰슨의 얼굴을 정확하게 기억해냈다는 것은 그가 강간범일 확률이 매우 높다는 것을 의미했다.

경찰은 시드니 거리를 걷고 있던 도널드 톰슨을 발견했다. 그는 피해자가 진술한 폭행범의 인상착의와 일치했다. 경찰은 그 자리에서 톰슨을 체포했다. 톰슨은 강간이 일어난 바로 그때 텔레비전 생방송에서 인터뷰를 하고 있었다고 알리바이를 주장했지만, 경찰은 그 말을 믿지 않았다. 하지만 도널드 톰슨의 말은 사실이었다. 문을 두드리는 소리가 났을 때 피해자가 그 방송을 보고 있던 것이다.

강간 사건이 발생한 시간에 톰슨은 텔레비전 방송국의 생방송 프로그램에 출연 중이었다. 공교롭게도 그는 사건이 발생한 바로 그 시간에 텔레비전에 나와서 목격자 증언과 관련해서 인간의 기억이 어떻게 왜곡될 수 있는지 인터뷰를 하고 있었다. 피해 여성은 목격자 증언에 대한 톰슨의 인터뷰를 보고 있다가 강간범에게 공격당한 것이었다. 그녀가 강간범의 얼굴을 기억해내기 위해서 회상하는 순간, 실제 강간범이 아닌 텔레비전에서 선명하게 본 톰슨의 얼굴이 먼저 떠오른 것이다. 톰슨은 기억의 왜곡을 설명하다가 기억 왜곡의 피해자가 될 뻔했다. 범인에게 공격을 받았을 때의 공포 상태에서 텔레비전 화면이 그녀의 기억에 간섭하며 왜곡된 것이었다.

사람들은 이전에 한 번이라도 봤던 사람의 얼굴을 생각보다 잘 기억하는 경향이 있다. 하지만 그 사람을 언제 어디에서 봤는지에 대한 기억력은 상대적으로 떨어진다. 그 결과 톰슨과 같이 무고한 사람을 강간 현장에서 본 범인으로 착각하게 되는 기억의 오류가 발생할 수 있다.

도널드 톰슨은 다행히도 생방송이라고 하는 매우 명확한 알리바이 덕분에 기억 왜곡의 피해자가 될 상황에서 빠져나올 수 있었다. 하지만 모든 사람에게 이런 행운이 주어지는 것은 아니다.

DNA 검사가 대중화되면서 미국에서는 유죄 판결을 받고 수감 생활을 하다가 무죄로 판명되어 석방된 사람이 급격하게 증가했다고 한다. 미국에서 DNA 검사 덕분에 무죄로 판명된 최초의 40개 사건을 분석해보면, 그중 90퍼센트에 해당하는 36개의 사건이 목격자 증언에 기초해서 판결이 이루어진 것으로 나타났다. 이 사건들에서 유죄 판결을 이끈 목격자들은 자신의 기억을 매우 확신했지만, 그들의 기억은 실제로는 심각하게 왜곡되어 있었다.

많은 연구는 목격자의 기억에 대한 확신과 기억의 정확

성 간에 거의 상관이 없다고 보고하고 있다. 하지만 확신에 찬 목격자의 증언은 미국의 법정에서도 여전히 중요한 판단 근거로 사용되고 있다.

6 최면수사가
필요한 이유는 무엇일까?

수사를 하다 보면 현장에 CCTV가 있어 '범인을 금방 잡을 수 있겠구나' 하고 안심했는데 마치 영화처럼 범행 당일만 CCTV가 고장이 나 있는 경우가 자주 있다. 그리고 그런 사건은 꼭 현장에 있던 피해자나 목격자가 범인에 대한 중요한 단서를 기억하지 못한다. 이럴 때 형사는 기운이 빠진다. 이처럼 CCTV도 없고 피해자나 목격자의 기억도 정확하지 않을 때는 어떻게 할까?

기억의 향상을 돕는 최면수사

과학수사에서는 최면을 활용해 피해자나 목격자의 무의식에 저장된 기억을 되살려 사건을 해결한다. 최면은 영어로 힙노시스(hypnosis)라고 하는데 힙노스(hypnos)는 그리스 신화 속 '잠의 신'이다. 힙노스는 형제인 죽음의 신 타나토스와 함께 지하세계에 살았다고 한다. 그는 불쌍한 영혼들에게 안식과 잠을 주고 고통도 덜어주었다. 그래서 초기에는 최면을 잠을 유도하는 것이라고 했는데, 사실 최면은 심신이 이완된 고도의 집중상태로 트랜스(trance, 몽환) 상태 또는 무의식의 상태라고 할 수 있다.

우리는 일상생활 속에서 자주 무의식적 상태나 최면적

상태를 경험한다. 예를 들어 '습관적 행동이나 반응, 자동화된 사고나 감정반응, 나도 모르게 하는 반응, 저절로 일어나는 반응, 별 생각 없이 하는 반응'을 모두 최면이라고 할 수 있다. 즉 최면 상태는 주변 인식이 낮아지고 중심 인식이 부각되면서 정신이 자연스럽게 집중된 상태라고 할 수 있다. 이러한 상태는 인간이 암시에 적절하게 반응함으로써 지각, 기억, 또는 감정 등의 변화를 경험할 수 있는 상태라고 볼 수 있다.

최면은 일상적인 자극들을 차단함으로써 의식의 집중 상태를 만들어 결과적으로 기억이 향상될 수 있도록 한다. 따라서 최면 상태에서는 지각과 감각의 변화를 경험하게 되고 무의식 속의 과거를 회상하고 재경험할 수 있는 능력이 강화된다. 이러한 최면의 특성을 범죄 수사에 적용하는 것을 법최면(forensic hypnosis) 혹은 최면수사(hypno-investigation)라고 한다.

최면수사는 시간이 지나 기억이 흐릿한 경우, 범인을 보았지만 충격으로 기억할 수 없는 경우에 매우 유용한 수사 기법이다. 또한 최면수사는 몽타주 작성에도 효과가 좋다. 몽타주(montage)는 프랑스어로 '쌓아 올린다'라는 뜻으로, 목격자의 기억에 의존해 얼굴 형태, 머리 모양, 눈, 코, 입을 조합해 범인의 얼굴 모습을 그리는 것이다. 이 그림을 대중에게 알려서 범인의 공개 수배에 사용한다. 최면수사를 한 후 범인의 몽타주를 그리면 최면으로 범인 얼굴의 자세한 부분까지 떠올리게 해서 좀더 정확한 얼굴을 그릴 수 있다. 그리고 뺑소니 교통사고에서도 차량 번호나 종류 등을 알아낼 때 매우 유용하게 사용되고 있다.

일반적으로 법최면수사라는 용어도 쓰이는데, 최면수사의 이론과 실제에 대한 기준, 즉 최면수사의 절차와 제한 그리고 윤리적 기준 등을 제시하고 있는 '대한법최면수사학회'의 명칭에 나타나 있는 것처럼, 법최면수사는 법최면과 최면수사 전반을 포괄하는 의미이다.

최면수사에 대한 오해들

미국, 이스라엘 등 외국에서는 이미 오래전부터 최면을 수사에 활용하고 있다. 로스앤젤레스 경찰의 최면수사관인 브라이언 라이저(Brian Reiser)는 1978년 살인, 강간, 유괴 등 강력범죄 사건의 약 60퍼센트에서 최면을 이용해 새롭고 중요한 정보를 확보할 수 있었다고 보고했다. 이들 중 약 90퍼센트에서는 다른 보강 자료에 의해서 최면 상태에서 회상한 기억이 정확했음이 입증되었다고 한다. 우리나라는 1997년 정신과 전문의 박희관이 범인의 차량을 본 목격자에게 최면을 유도해 차량 번호를 회상시켜 범인을 검거한 사례가 처음으로 보고된 바 있다. 우리나라도 1970년대에 이미 최면수사를 활용했다고는 하나 최면수사가 경찰 수사에 본격적으로 시작된 것은 한참 뒤다. 1999년 국립과학수사연구소 범죄분석과에서 여섯 차례에 걸쳐 실시한 최면수사관 양성 교육을 시작으로 대한법최면수사학회가 설립되고, 그해 말경에 20여 명의 최면수사관을 배출하면서 본격적으로 시작되었다. 현재는 경찰 수사연수원에서 매년 최면수사 전문 교육을 실시하고 있다.

이렇듯 최면수사는 다양한 수사 현장에서 활용되고 있다. 최면에 빠지면 신체와 정신이 고도로 이완되면서 매우 편안하고 나른한 상태가 된다. 그러나 의식은 분명히 존재한다. 최면 상태에서도 원하지 않는 요구는 거부할 수 있다. 최면을 거부하려는 의지가 강하면 아예 최면에 몰입되지도 않는다. 그래서 용의자나 범인에게는 최면수사가 통하지 않는다.

또 최면이 '수면'과 같다고 오해하는 경우도 있다. 최면은 '재촉할 최(催)'에 '잘 면(眠)' 자를 쓰므로 문자 그대로 풀면 '잠들게 하다'라는 뜻이다. 그러나 최면 상태는 잠을 잘 때와는 달리 의식이 외부 자극에 열려 있다. 이런 차이는 뇌파로도 확인되는데, 사람이 깨어 있을 때는 베타파라는 빠른 파동이, 잠을 잘 때는 델타파라는 매우 느린 파동이 나타난다. 그러나 최면 상태에서는 알파파와 세타파가 주로 확인된다. 명상에 잠기는 등 긴장이 이완되고 정신이 집중된 상태에서 주로 보이는 파동이다. 이런 특성을 이용해 의학계에서도 최면을 활용하는데, 1958년 미국의학협회(American Medical Association, AMA)에서 최면을 대체의학으로 인정했다.

물론 최면수사가 만능은 아니다. 수사 협조 의지가 강한 피해자나 목격자는 최면에 잘 유도되는 편이지만, 범행을 감추려는 피의자에게 최면으로 자백을 받기란 어렵다. 피최면자의 의사에 반하는 진술을 끌어낼 수는 없기 때문이다. 또 피최면자의 진술은 법정 증거로 인정되지 않아 수사 단서로만 활용하고 있다.

인적 증거를 수집하는 최면수사관

최면은 고대 시절 부족의 결속을 다지는 의식이나 질병 치료를 위한 주술, 종교의식에서 활용되었다. 과학이 급속하게 발전하던 근대 오스트리아의 빈대학교에서 의학을 공부한 프란츠 안톤 메스머(Franz Anton Mesmer)가 〈천체가 인체에 미치는 영향에 대해〉라는 논문을 발표함으로써 임상 최면의 과학적 접근이 시작되었다. 그리고 제1차 세계대전과 제2차 세계대전 후 전쟁신경증과 외상후스트레스장애로 고통받던 많은 병사가 최면 치료를 받고 효과가 입증되자 의학적으로 활용하기 시작했다.

1958년에 미국의학협회가 최면을 과학적으로 증명된 치료 수단으로 인정해 의학 및 치의학 전공 학생들이 최면 교육을 받도록 했고, 1961년 미국 정신과학회에서도 최면을 과학적으로 인정할 수 있는 치료 방법으로 공인했다.

최면 치료는 세계보건기구(WHO)가 공인한 치료법으로, 현새 미국과 유럽 등 세계 각국에서 활용하고 있다. 우리나라에도 1980년대 도입되어 정신과 의사들이 활용하고 있으나, 최면 치료가 가능한 병원은 10여 곳밖에 없다. 대한최면의학회에 따르면 치료비가 1회에 10만 원에서 30만 원 정도로 비싸고, 치료 시간이 30분에서 60분까지 길어 일반화되기 어려운 실정이라고 한다. 또한 최면 치료는 현재 과학적으로 입증되어 있으나, 치유 과정은 완전한 과학적 검증이나 설명이 어려워 보편화되기 쉽지 않다고 한다. 종종 병원은 아니지만 최면 치료를 한다는 곳이 있는데, 최면 치료를 하기 위해서는 의사 면허가 있어야 한다.

경찰에서는 최면을 치료가 아닌 수사에 활용하고 있다. 시간이 지나 사건에 대한 기억이 나지 않는 경우, 범인을 보았지만 충격으로 기억할 수 없는 경우에 최면을 활용해 목격자나 피해자의 기억을 되살리는 수사 기법을 전문으로 하는 수사관을 최면수사관이라고 한다. 2019년 화성연쇄살인사건을 해결할 때도 법최면수사로 목격자의 기억을 되살려 도움을 주기도 했다.

법최면수사의 주 검사 대상은 범죄의 혐의점이 없는 피해자 또는 목격자다. 검사를 위해서는 먼저 대상자를 선정해야 하는데, 검사에 적절한 범죄의 피해자 또는 목격자를 선정해야 한다. 즉 사건 당시 어떤 사실을 기억하려고 노력한 사람들이 선정되어야 한다. 이렇게 대상자가 선정되면 검사관은 법최면을 실시하기 전에 사건과 관련된 내용 및 목격한 것들을 검토한다. 이후 대상자의 최면을 유도하고 심화시켜 사건 당시로 심리적 퇴행을 유도해 기억을 회상하도록 한다. 이러한 일련의 과정은 대상자의 심리적 안정을 취할 수 있는 장소만 있으면 되고 특별한 장비는 필요하지 않다.

우리나라에서는 1990년에 법최면수사가 도입되어 범인을 검거하고 범죄를 해결하는 데 많은 도움이 되고 있다. 특히 별다른 증거가 없는 사건의 경우 법최면수사는 더욱 빛을 발한다. 최면수사관 업무를 수행하기 위해서는 심리학적 · 상담학적 · 생리학적 지식과 기타 여러 학문 분야에 대한 지식, 수사에 대한 지식이 필요하다.

경찰은 2009년 경찰수사연수원에 교육 과정을 개설해 법최면수사관을 양성하고 있다. 2019년 현재 경찰청과 16개 지방경찰청에서 30여 명이 최면수사관으로 활동 중이다. 국과수에도 법최면 전문가 두 명이 재직 중이다. 그런데 아이러니하게도 한국에서 IT 기술이 너무 발전한 나머지 법최면수사는 다소 사양길을 걷는 추세다. CCTV, 블랙박스 등을 활용한 물리적 증거 기법이 날로 진보하면서 인간의 기억에 의지하는 몽타주나 최면수사의 필요성은 감소하고 있다.

그러나 범죄는 날로 지능화하고, 현장에서 물리적 증거를 확보하기 어려운 사건은 언제든 발생할 수 있다. 이 때문에 '인적 증거'를 수집하는 법최면수사 기법은 앞으로도 계속 필요하다고 전문가들은 예상한다. 앞으로 피해자나 목격자의 기억이 정확한지 확인하기 위해 뇌파를 활용하는 기법도 개발될 전망이다.

7 목격자의 거짓말도 범죄일까?

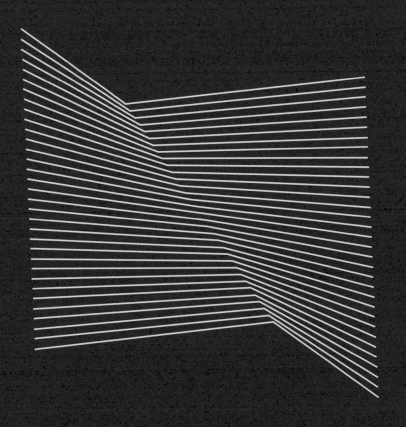

거짓말의 사전적 의미는 '사실이 아닌 것을 사실인 것처럼 꾸며대어 말을 함'이다. 반대로 진실의 사전적 정의는 '거짓이 없이 참되고 바름'이다. 그러나 수사에서 거짓말을 탐지할 때는 이런 사전적 개념에 다음과 같은 세 가지 요소를 더해야 한다.

첫째, 거짓말은 의도성이 있어야 한다. 사람은 거짓말을 할 것인지 하지 않을 것인지 선택할 수 있다. 그 때문에 거짓말을 한다는 것은 상대방을 속이겠다는 고의적인 행동이며, 미리 계획하고 있어야 한다.

둘째는 말하는 사람이 거짓과 진실의 차이를 알고 있어야 한다. 거짓말이란 어떤 것이 진실이고 어떤 것이 거짓인지를 알고 있는 상태에서 의식적으로 하는 말이어야 한다. 그래서 자신이 거짓을 말하고 있는 것을 모르는 자기기만은 거짓말이 아니다.

셋째, 거짓말을 하는 사람만이 아니라 거짓말의 대상도 고려해야 한다. 즉 대상이 되는 사람은 상대방이 자신을 속이고 있다고 의심하지 않으며, 상대방의 그런 의도를 이해할 수 있는 어떤 정보도 받지 못한 상태여야 한다. 예를 들어 배우들의 연기가 사실이 아니라고 해서 그들을 거짓말쟁이로 생각하지 않는다. 왜냐하면 우리는 배우의 연기에 속겠다고 동의했기 때문이다.

이 세 가지 핵심 요소를 종합하면 거짓말이란 '상대가 속아주겠다는 뜻을 밝히지 않고, 또 상대를 속일 것이라고 미리 알리지 않은 채 고의로 속이려는 의도를 가지고 하는 행동'이라고 정의할 수 있다.

거짓말에는 선의의 거짓말도 있지만, 자신을 돋보이려 하는 위장형 거짓말, 책임이나 잘못을 피하기 위한 회피형 거짓말이 있다. 이러한 거짓말들은 자기의 이익을 위해 도덕적 양심을 저버리고 타인에게 피해를 줄 수도 있다. 특히 문제가 되는 것은 남을 속여 자기의 이익을 얻는 사기형 거짓말과 그저 악한 마음에 남을 괴롭히기 위해서 하는 거짓말이다. 거짓말이 범죄가 되는 대표적인 범죄 두 가지를 알아보자.

위증죄

실제 법정에서 재판을 받아보았다거나 재판을 참관한 사람은 많지 않다. 그러나 많은 사람이 영화나 드라마에서 재판하는 장면을 본 경험이 있기 때문에 증인이 어떤 역할을 하는 사람인지 설명하지 않아도 잘 알 것이다. 증인은 재판 과정에서 검사 또는 변호인이 "증인을 신청합니다"라고 말하면 증인석에 나와 "진실만을 말할 것을 선서합니다"라고 선서를 한 사람이다. 재판에서 실체적 진실을 밝히는 데 매우 중요한 사람인 증인은 주로 목격자 또는 피해자다. 때로는 경찰관과 관련 분야의 전문가가 증인이 되기도 한다. 그런데 만약 재판에서 증인이 거짓말을 하면 어떻게 될까? 실체적 진실을 밝힐 수 없는 것은 물론이고, 누군가 억울하게 처벌을 받거나, 반대로 벌을 받아야 할 사람이 벌을 받지 않게 될 수 있다. 그래서 우리 법은 법률에 의해 선서한 증인이 거짓 진술을 하는 것을 막기 위해 위증죄를 만들었고, 5년 이하의 징역 또는 1,000만 원 이하의 벌금으로 엄하게 처벌한다. 위증죄는 법률에 의해 선서를 한 증인에 한해 성립하는 범죄이기 때문에 수사 단계에서 선서하지 않은 증인이나 참고인은 위증죄로 처벌할 수 없다. 참고로 거짓 진술은 자신의 기억과 반대로 말하는 것으로, 목격자가 자신이 본 사실을 기억나는 대로 진술했다면 간혹 사실이 아니더라도 위증죄가 되지 않는다.

위증죄의 대표적인 사례는 무엇보다 음주운전 교통사고에서 운전자 대신 자신 또는 다른 사람이 운전했다고 거짓 진술을 하는 것이다. 실제로 위증죄의 범인은 지인이 운전하는 차를 얻어 타고 가다 운전자가 무면허·음주운전 혐의로 적발되어 재판에 넘겨지자 그의 부탁을 받고 법정에서 자신이 운전했다고 증언한 경우가 많다. 결국 수사에서 거짓 증언을 한 사실이 드러나 자신도 위증죄로 기소되어 처벌을 받곤 한다.

동료가 다른 사람을 폭행해 상해죄로 기소되었지만, 동료의 부탁을 받고 법정에서 '폭행 사실이 없다'고 허위 증언을 했다가 자신은 위증죄로, 거짓 증언을 부탁한 동료는 위증교사죄로 처벌을 받는 사례도 자주 있다. 그리고 자신에게 상해를 입힌 가해자를 위해 법정에서 거짓 증언을 했다가 위증죄로 재판에 넘겨진 사례도 있다. 자신을 흉기로 찔러 특수상해죄로 기소된 피고인의 재판에 출석해 "넘어지면서 흉기가 배에 꽂힌 것"이라며 가해자를 보호하려 한 것이다. 하지만 법의학 감정 등을 통해 증언이 거짓임이 드러나 역시 위증죄로 처벌받았다.

검찰은 위증 사범이 발각되더라도 벌금형에 그치고, 만약 발각되지 않으면 이로 인해 이익을 얻는 상대방이 벌금을 대납하는 경우가 발생하는 등 위증죄를 가볍게 여기는 사회적 분위기가 있다고 판단해 위증 사범을 원칙적으로 정식 재판에 넘긴다는 방침을 세웠다. 검찰은 "개인적 인정과 의리를 중시하는 그릇된 풍조와 거짓말에 다소 관대한 사회적 분위기가 있고, 적발되어도 경미한 처벌에 그치면서 위증이 대수롭지 않은 범죄라는 잘못된 법의식이 팽배해 위증 사범이 꾸준히 증가하는 추세"라고 한다.

위증 범죄에 대해서는 피해자와 피고인 모두의 인권 보호, 실체적 진실 규명을 통한 사법 신뢰 확립 등을 위해서도 반드시 경각심을 갖게 할 필요가 있다. 검찰은 "위증으로 인해 죄지은 사람이 처벌을 면하고 피해자들에게 평생 씻을 수 없는 상처를 입히는 결과가 초래될 수 있는 만큼 지속적인 단속을 펼쳐나갈 계획"이라고 한다.

무고죄

살면서 가끔 미운 사람에 대해 나쁜 마음이 들어 그 사람이 불이익을 받았으면 좋겠다고 생각해본 적이 있을 것이다. 어렸을 때 학교에서 선생님께 친구의 잘못을 거짓 또는 과장해서 일러 그 친구를 혼나게 했던 경험처럼 말이다. 성인이 되고 나서는 보통 그런 마음이 들 때 악한 생각을 한 것에 도덕적 책임을 느끼고 자책하고 뉘우치지만, 성숙하지 못한 일부 사람들은 경찰에 거짓으로 신고해 형사처분을 받게 하기도 한다. 이렇게 형사 또는 징계 처분을 받게 할 목적으로 경찰서 또는 정부 기관에 거짓 사실을 신고하는 죄를 무고죄라고 한다.

피해자가 억울하게 형사처벌을 받을 수 있기 때문에 무고죄는 중한 범죄로 분류된다. 그리고 무고죄를 10년 이하 징역 또는 1500만 원 이하의 벌금이라는 엄한 벌로 처벌하는 더 큰 이유는 거짓으로 국가의 심판 작용을 해치는 일이기 때문이다. 간혹 피해자의 허락이 있더라도 무고죄가 인정되고, 반대로 무고죄의 피해자가 있더라도 국가기관의 직무를 해치지 않았다면 무고죄가 인정되지 않기도 한다. 피해자의 허락이 있더라도 무고죄가 인정되는 경우는 다음과 같은 사례다.

A는 B와 B로부터 금전적 피해를 당한 사람들 사이의 합의를 주선하고자 했다. A 자신도 피해자인 것처럼 행세하기 위해 B를 사기죄로 고소하기로 했고 이러한 취지를 B에게도 미리 알렸다. A는 B로부터 차용금 피해를 당한 것처럼 허위사실을 기재해 B를 고소했다. "B에게 5,000만 원을 빌려주었는데 원리금을 전혀 변제하지 않고 있으니 엄벌하여 주세요"라는 내용으로 고소장을 작성하고 허위의 차용증을 첨부했다. 그 후 A는 바로 B에게 합의서를 작성해 교부해주었고, 수사기관의 고소인 출석요구에 응하지 않아 A의 고소사건은 고소장 각하로 종결되었다.

재판부는 이 사건에서 A가 B에 대한 형사처분이라는 결과 발생을 의도한 것이 아니라 하더라도 그러한 결과 발생에 대한 미필적 인식은 있었던 것으로 판단해 무고죄를 인정했다.

무고죄는 국가의 형사사법권 또는 징계권의 적정한 행사를 주된 보호 법익으로 한다. 다만 개인의 부당하게 처벌 또는 징계받지 않을 이익을 부수적으로 보호하는 죄이므로, 설사 무고에 있어서 피무고자의 승낙이 있었다고 하더라도 무고죄의 성립에는 영향이 없다.

취업 준비생이 면접비를 주지 않는 회사 대표를 성추행범으로 신고해 무고 혐의로 벌금 400만 원을 선고받은 사건도 있었다. 면접관인 회사 대표와 면접 도중 면접비 지급 문제로 말다툼을 하게 되었고, 취업 준비생은 자리를 박차고 나와 112에 전화를 걸어 "면접을 보는 도중에 면접관인 회사 대표에게 강제추행을 당했다"고 신고했다. 취업 준비생은 회사 대표로부터 성추행을 당한 사실이 없는데도 112에 허위 신고를 한 후 경찰서 지구대를 찾아가 성추행을 당했다는 내용의 진술서도 제출했다. 그러나 재판부는 "취업 준비생은 회사 대표가 형사처분을 받게 할 목적으로 무고한 혐의가 인정된다"고 판단했다.

대전지방검찰청의 2016년 자료에 따르면 한 해 무고 사범의 경우 상대방에 대한 악감정 해소를 위해 고소·고발·신고제도를 악용하는 보복목적형이 42퍼센트, 채무 면제 등을 위한 이득목적형이 40퍼센트, 성폭력 범죄를 당하지 않았는데도 합의금 취득이나 가족관계에서의 입장 등을 이유로 악용하는 성폭행 관련이 18퍼센트라고 한다.

무고죄에서 피해자 진술 조사는 내용의 주요한 부분이 일관될 것, 경험칙에 비춰 비합리적이거나 모순되는 부분이 없을 것, 허위로 가해자에게 불리한 진술을 할 만한 동기나 이유가 분명하게 드러나지 않을 것 등의 신빙성 판단 기준에 따른다. 요즘에는 진술 분석과 거짓말탐지기 검사 등 심리학적 수사 기법이 발달해 피해자의 무고를 금방 찾을 수 있다.

증인을 조작하는 사람들

2019년 정말 어이없는 기사를 보았다. 변호사가 성매매 피해를 입은 10대 청소년에게 가해자의 처벌을 원치 않는다는 편지를 쓰고 법정에서 증언해주면 돈을 주겠다고 회유한 것이다. 편지 100만 원, 증언 400만 원을 제시했다. 대한변호사협회에서는 그 변호사를 품위유지의무 위반 및 재판 절차에서의 진실의무 위반으로 과태료 300만 원의 징계를 했다.

사건은 2017년에 일어났다. 의뢰인 부부가 가출 청소년(당시 17세)에게 수십 차례에 걸쳐 성매매를 시킨 혐의로 1심에서 각각 징역 4년과 3년 6개월을 선고받았다. 의뢰인 부부는 처벌이 과하다고 항소했고, 변론을 맡은 변호사는 2017년 3월 피해 청소년에게 SNS를 통해 "의뢰인 부부의 처벌을 원치 않는다"는 편지를 재판부에 제출하면 100만 원, 재판에 증인으로 나오면 추가로 400만 원을 주겠다고 제안했다. 변호사가 피해 청소년에게 "재판에 증인으로 나가서 의뢰인 부부에게 아이가 있는데, 두 명 다 구속되어야 하는 건지, 감옥에 가는 것은 좀 아닌 것 같다"라고 말하면 돈을 준다고 한 것이다. 실제로 피해 청소년은 재판에 증인으로 나갔고, 변호사는 피해 청소년에게 약속한 돈 500만 원을 주면서 비밀로 할 것을 강요했다. 그러나 피해 청소년은 이 같은 사실을 모두 녹음해 세상에 알렸다.

이에 대해 변호사는 "변호사의 통상적인 업무를 수행하는 과정에서 변호사 윤리강령을 어겼지만, 사건이 과장·왜곡되었다"고 주장했다. "당시 피해자에게 증인을 서달라고 요구하고 피해 보상금을 준 건 맞지만, 거짓 증언을 부탁한 사실은 결코 없다"는 것이었다. 그리고 대한변호사협회로부터 징계를 받은 이유는 "대리인을 통하지 않고 피해자와 사전 접촉을 금지한 변호사 윤리강령을 위반했기 때문이지 범죄를 저질렀기 때문이 아니다"라고 주장했다. 그러면서 변호사는 "의뢰인 부부는 당시 20세, 21세였으며 네 살배기 딸을 둔 부모로서 아이를 먹여 살려야 하는 상황에서 돈이 없어 피해자에게 성매매를 알선한 혐의로 처벌받았다"며 "부부가 1심에서 모두 구속되어 부인 친구들이 아이를 돌아가면서 보는 사정이 딱해 진심으로 도와주고 싶었다"고 했다. "의뢰인 부부가 아이를 키우고 있고, 그 아이가 피해자를 '언니'라고 부르며 잘 따라서 의뢰인 부부의 선처를 바란다고 얘기해달라고 요청한 것뿐"이라는 것이다.

피해 청소년에게 돈을 준 사실을 숨긴 데 대해서는 "법정에서 'SNS를 통해 피해자에게 연락했다'는 건 얘기했지만 '피해 보상금을 주겠다'고 한 건 혹시 피해자에게 거짓말을 시키면서 돈을 준 것처럼 재판부가 오해할 것 같아 밝히지 못했다"고 했다. 어느 것이 진실인지는 알 수 없다.

논란이 된 것은 그 변호사가 이른바 '인권변호사'로 활동한 사람이라는 것이다. 시민사회에서는 "성적 착취를 당한 10대 피해자의 인권을 침해한 변호사가 '인권변호사'라는 타이틀을 달고 여성·장애인 등 사회적 약자의 인권을 다루는 활동을 하는 것은 부적절하다"고 비판했다.

3장

범인의 마음과 싸우다

1 숨어 있는
범죄자를 찾아라

범죄 수사에 지리적 특성을 관련지어 연구한 최초의 인물은 19세기 중반 프랑스의 범죄학자 앙드레미셸 게리(André-Michel Guerry)와 아돌프 케틀레(Adolphe Quetelet)였다. 이들은 프랑스 전역의 절도와 폭력 범죄 발생 구역을 표시한 지도를 만들고, 이 범죄들이 빈곤 문제와 얼마나 밀접하게 연관되어 있는지 살펴보았다.

20세기 초 시카고대학교 출신의 사회학자들도 비슷한 연구를 했다. 그러나 범행을 지도에 표시하고 이것을 바탕으로 범행과 범인의 특성을 찾아내는 기술이 발전한 것은 컴퓨터가 일반화되면서 많은 양의 자료를 처리할 수 있게 된 다음부터이다.

지리적프로파일링시스템(geographic profiling system)은 지리정보시스템(geographic information system, GIS)의 공간 분석 기능을 적용해 주요 범죄 발생 현황과 범죄 다발 지역을 분석함으로써 범인을 검거하거나 범죄를 예방하는 것이다. 지리정보시스템은 전자지도와 각종 정보 데이터베이스를 결합해 지도상에서 다양한 정보를 수집, 저장, 분석, 출력하는 컴퓨터 응용 프로그램이다. 지리적프로파일링시스템은 지리정보시스템을 이용해 각종 수사 전산 시스템과 주민등록정보 및 통계청 정보를 종합해 범죄가 발생한 지역에서 같거나 유사한 범죄 경력을 가진 전과자 등 우선 수사 대상자를 추출한다. 그 결과를 바탕으로 연쇄 범죄자의 행동 패턴을 분석해 용의자가 살고 있는 주거지 및 주 활동 영역을 예측하고 분석한다.

지리적프로파일링시스템 지오프로스

우리나라에는 2009년 경찰청에서 개발한 지리적프로파일링 시스템인 지오프로스(GeoPros)가 있다. 이 시스템에서 나온 결과를 경찰의 각종 범죄 수사 데이터(형사사법통합망, 전자수사자료표, 수법조회시스템, 범죄경력자료, 주민등록자료)에 적용해 범죄 위험 지역을 예측해 방범 전략을 수립하고, 연쇄 범죄자의 거주지를 예측하며, 추가 범행 장소 및 우선 수사 대상자를 선정할 수 있다.

지오프로스를 활용해 범죄 위험 지역을 예측해 형사 활동의 효율성을 강화한다면 범죄가 발생하기 전에 미리 대응할 수 있다. 또 범인의 거주지 및 주요 활동 지역을 분석하고 해당 지역에 거주하는 유사 전과자를 추출하면 범인을 검거하는 데 효율성을 높일 수 있다.

지오프로스가 개발되기 전에는 프로파일러가 "○○동에 거주하는 30대 남성으로 강도 범죄 경력이 있을 가능성이 크다"는 프로파일링 결과를 형사에게 전달하면 형사는 해당 동

사무소에 공문을 가지고 방문해 30대 남성에 대한 주민등록 자료를 확보한 후, 또다시 범죄경력조회 공문을 만들어 경찰서 전산 조회실에 방문해 ○○동 전체 30대 남성에 대한 범죄경력조회 결과에서 일일이 강도 전과자를 분류하는 작업을 해야 했다. 이런 작업에 며칠이 걸리기도 했다. 그러나 지오프로스가 개발된 이후에는 수사 대상자 분석 기능을 활용해 컴퓨터 앞에 앉아 몇 분 안에 특정 지역 내 유사 전과자의 위치 정보를 추출함으로써 시간과 노력을 단축해 신속하게 범인을 검거할 수 있게 되었다.

특히 범죄위험지역예측(hot spot) 기능을 이용하면 범죄자 입장에서 범행하기 좋은 장소를 확인함으로써, 시기별·시간대별·범죄 유형별 위험 지역을 분석해 추가 범행 발생 예상지를 파악하고 순찰과 잠복 및 탐문 수사에 활용해 범행 즉시 범인을 검거할 수 있다.

범행 장소가 범인의 위치를 말한다

프로파일러가 범인을 프로파일링해 "서울에 혼자 거주하는 20~30대 남성 회사원으로, 170센티미터의 키에 전과가 없고 승용차를 소유한 자를 우선 수사할 것"이라는 결과를 수사관들에게 주었다면 수사관들은 고맙다고 하기는커녕 "한양에서 김 서방 찾기"라고 말하며 프로파일러를 비웃을 것이다. 왜냐하면, 서울에 혼자 거주하는 20~30대 남성이 너무 많아서 이렇게 막연한 결과로 수사하기란 불가능하기 때문이다. 그래서 탄생한 것이 지리적 프로파일링이다. 지리적 프로파일링은 프로파일링의 종류 중 하나로 동일범에 의해 발생한 다수의 연쇄범죄가 발생한 장소를 근거로 범인의 주거지 또는 다음 범행이 일어날 가능성이 큰 지역을 예측해 형사들이 잠복 또는 순찰을 효율적으로 할 수 있게 도와주는 수사 기법이다.

지리적 프로파일링은 전직 캐나다 경찰관 킴 로스모(Kim Rossmo)가 개발했다. 로스모는 수학적 재능이 뛰어난 경찰관이었다. 그는 범인이 범행 장소를 무작위로 선택하는 것이 아니며 범행 장소가 범인이 실제로 사는 곳, 행동하는 곳을 드러낼 가능성이 있다고 가정해 자신의 이름을 딴 공식을 만들었다.

보통 사람과 마찬가지로 범죄자도 자신에게 익숙한 지역을 선택하고, 그곳을 중심으로 움직인다. 범죄는 극도의 긴장 속에서 이루어지는데, 범죄자 자신도 익숙하지 않은 환경에서는 더욱 긴장하게 되고, 그러면 경찰에 잡힐 가능성이 커지기 때문에 아무리 흉악한 범죄자라 해도 자기가 사는 곳에서 멀리 떨어진 곳보다는 가까운 지역에서 범죄를 저지를 확률이 높은 것이다. 로스모는 범죄자의 이러한 특성을 일상활동 이론, 합리적선택이론, 범죄패턴이론으로 발전시켰고(Rossmo, 2000), 지리적 프로파일링의 이론적 배경을 만들었다.

일상활동이론은 범죄자와 피해자의 일상적 활동이 교차 하는 지점에서 범죄가 발생한다는 이론이고, 합리적선택이론 은 범죄자 역시 범죄에 대한 보상, 비용, 노력 등을 합리적으 로 고려한다는 이론이다. 범죄패턴이론은 범죄자가 사전에 생각하고 있던 장소 또는 자신이 아는 장소를 범행 장소로 선 택한다는 이론으로, 범행원이론과 거리감퇴함수이론, 버퍼존 이론으로 나뉜다.

범행원이론은 모든 범행 장소 중에서 가장 멀리 떨어진 두 점을 잇는 선분을 지름으로 하는 원을 만들면 범죄자의 주거지가 그 원 안에 있을 가능성이 크다는 이론이다. 거리 감퇴함수이론은 범죄자의 거주지로부터 멀어질수록 범죄 발 생 가능성이 줄어든다는 것으로, 이는 합리적선택이론의 최 소 노력의 원칙과 부합한다. 그러나 아무리 최소 노력을 기 울인다 해도 범죄자는 자신의 주거지 근처에서는 범행하지 않는다. 이웃이 자신을 알아볼 수 있기 때문이다. 이것을 버 퍼존이론이라고 하는데 범죄자는 자신의 신분이 노출될까 두려워 거주지와 너무 가까운 지역에서는 범행을 하지 않는 다는 것이다.

범행 수법도 예측할 수 있다

로스모 이전에도 범인이 범행 장소를 고를 때 범죄자 자신
도 모르게 반복된 패턴을 보인다고 말한 사람이 있었다. 무려
200년 전인 1820년 통계학자 앙드레미셸 게리는 프랑스 법
무부에서 일할 때부터 프랑스 전역에서 일어난 살인과 강도
등의 기록을 수집했다. 그전까지는 누구도 그런 데이터를 수
집하는 데 신경을 쓰지 않았다. 당시 사람들은 인간은 자유의
지가 강하기 때문에 그런 범죄 데이터가 아무 쓸모가 없다고
여겼다.

하지만 게리가 프랑스의 범죄자 기록을 분석한 결과, 젊
은이가 노인보다, 남성이 여성보다, 가난한 사람이 부자보다
범죄를 많이 저질렀고, 이런 양상이 시간이 지나도 변하지 않
는다는 사실을 알아냈다. 지역에 따라서도 그 지역에 고유한
범죄 통계가 나타났고, 강도와 살인 수치가 정확하게 반복되
었다. 심지어 범죄자의 범행 수법까지 예측할 수 있었는데, 특
정 지역에서 어느 한 해 동안 범죄자가 어떤 범행 도구를 얼마
나 쓸지도 정확하게 예측할 수 있었다. 결국, 범죄는 범죄자의
자유의지에 좌우되는 것이 아니며 예측 가능하다는 사실을 발
견한 것이다. 게리의 연구는 국가와 지역 단위로 반복해서 나
타나는 범죄 지형의 패턴에 주목했지만, 200년이 지나 로스

모는 범죄자 개인 단위에서도 지리와 관련해 확실하게 반복된 패턴을 적용하고 발전시켰다.

지금은 FBI를 비롯해 캐나다 왕립기마경찰대 등 세계 350개 범죄 대응 관련 기관이 로스모의 이론을 바탕으로 한 지리적프로파일링시스템을 사용한다. 더구나 이 알고리즘은 범죄 이외의 분야에서도 위력을 발휘하는데, 예를 들면 이집트에서는 말라리아 발병 지역을 근거로, 모기의 산란 장소를 찾아내고 있다고 한다.

2 사이코패스와
묻지마 범죄

2010년 12월, 교도소에서 출소한 후 공사장 막노동판을 전전했던 범인은 그날도 아침 일찍 인력시장에 나갔으나 비가 와서 일을 구할 수 없었다. 자신의 처지를 비관하며 막걸리 한 통을 사서 근처 놀이터에서 혼자 술을 마시는데, 그때 주변의 다세대 주택에서 웃음소리가 들려왔다. 순간 범인은 자신을 비웃는 것이라 생각해 공구 가방에서 과도와 망치를 꺼내 웃음소리를 따라 다세대 주택의 3층 옥탑에 들어가 눈에 보이는 여자의 머리를 망치로 내려쳤다. 그리고 범인은 여자의 비명을 듣고 달려 나온 남편을 과도로 무참히 찔러 살해했다.

범인은 도주하지 않고 그 자리에서 현행범으로 검거되었다. 범인은 자신의 범죄 행동은 잘 기억하지 못했지만 살해의 이유는 분명하게 말했다. 주변에서 웃음소리가 들렸는데, 자신만 불행하고 다른 사람은 행복한 것 같아 홧김에 살해했다는 것이다. 이수정 교수와 김경옥 박사의 《사이코패스는 일상의 그늘에 숨어 지낸다》에 나오는 언론의 표현을 빌리자면 말 그대로 '묻지마 범죄' 사례이다.

묻지마 범죄의 가해자와 피해자

2015년 우리나라 대검찰청이 발표한 '묻지마 범죄'의 정의는 "가해자와 아무런 관계가 없는 불특정 피해자에 대해 가해자의 일방적 의사로 흉기 등 위험한 물건을 사용해 폭행, 재물 손괴 등 유형력을 행사하는 방법으로써 피해자의 생명, 신체, 재산을 침해하는 범죄"이다. 범죄 유형은 살인, 상해, 폭행, 협박, 방화, 방화치사, 재물손괴 등으로 규정했다. 금품갈취, 성적 만족 등 폭력의 동기에 특정한 목적과 이득이 있는 강도죄, 강도살인죄, 강간죄 등은 묻지마 범죄에서 제외했다.

2013년 대검찰청이 발표한 〈묻지마 범죄자 심층 면접을 통한 실증적 원인 분석 및 대응 방안 연구〉(이수정)에 따르면 묻지마 범죄자의 40퍼센트가 어릴 때 시작한 비행을 멈추지 못해 성인이 되어서도 범행을 지속한다고 한다. 묻지마 범죄자들은 어릴 때부터 가족에게 보호받지 못한 채 초등학교나 중학교에서 배움을 멈추거나, 소년원과 소년교도소를 들락거리다가 군대도 가지 못한 경우가 많았다. 또 대부분 성인이 될 때까지 가족이나 친지 혹은 이성 친구와 제대로 된 관계를 형성하지 못했다. 그들이 자신의 처지를 비관해 갑자기 불특정인에게 화풀이 범행을 한다면 피해자는 아무런 잘못도 없이 억울하게 피해를 당할 수밖에 없다.

묻지마 범죄의 현황은 정확하게 파악되지 않는다. 다만 범죄 통계 중 현실 불만 및 우발적 살인, 정신질환자 범죄 중 피해자와 가해자가 아무런 관계가 없을 때 묻지마 범죄로 가정하는데, 그 수치가 해마다 늘어난다고 추정할 뿐이다.

상황이 이렇다 보니 우리나라 국민의 93퍼센트가 자신도 묻지마 범죄의 피해자가 될 수 있다고 생각한다는 조사 결과도 있다. 우발적인 동기로 묻지마 범행을 저지르는 범죄자는 대부분 저항력이 약한 '손쉬운' 상대를 선택한다. 손실을 최소화하고 보상을 최대화하려는 인간의 합리성은 범죄자에게도 적용되고, 그 때문에 대개 여성이나 아동, 노인과 같은 신체적 약자가 범행 대상이 되는 것이다.

〈2013 통계로 보는 여성의 삶〉을 보면 흉악 강력범죄(살인, 강도, 방화, 강간) 피해자 열 명 중 여덟 명이 여성이다. 2000년에는 전체 피해자 8,765명 중 71.3퍼센트인 6,245명이 여성이었지만 2005년에는 전체 피해자 1만 8,583명 중 79.9퍼센트인 1만 4,847명으로 늘어났다. 2011년에는 전체 피해자 2만 8,097명 중 여성 피해자만 2만 3,544명으로 83.8퍼센트를 차지했다. 여성이 신체적으로 약해서 피해자가 될 가능성이 크지 않느냐고 생각할 수 있겠지만, 이 같은 수치는 다른 나라에 비해서도 월등히 높은 수치다.

국제연합 산하 기구인 국제연합 마약범죄사무소(United

Nations Office on Drugs and Crime, UNODC)가 각국의 살인 사건 피해자를 성별에 따라 분류한 자료를 보면, 우리나라의 경우 2008년 살인 사건 피해자 중 여성의 비율은 51.0퍼센트이다. 이는 미국 22.5퍼센트, 중국 30.1퍼센트, 영국 33.9퍼센트, 프랑스 34.3퍼센트, 호주 27.5퍼센트보다 매우 높은 수치다. 주요 20개 나라 모임인 G20 국가 중에 우리나라보다 여성 피해자 비중이 높은 나라는 하나도 없다. 심지어 여성 인권이 낮다고 평가되는 인도, 남아프리카공화국, 사우디아라비아에서도 살인 사건 피해자의 여성 비율이 30퍼센트를 채 넘지 않는다. "종로에서 뺨 맞고 한강에서 화풀이한다"라는 속담처럼 개인적으로 해결하기 어려운 사회에 대한 분노를 손쉬운 상대인 여성, 노인 등 약자에게 푼다고 할 수 있다.

묻지마 범죄는 미국·영국·일본 등 선진국에서도 많이 발생하고 있다. 미국 FBI 범죄 분류 매뉴얼은 묻지마 범죄를 '동기 없는 살인(nonspecific motive murder)'으로 분류하고 있다. 일본에서도 1990년대 이후 길거리 사람들을 무차별하게 살해한다는 뜻의 '거리의 악마(通り魔)'라는 용어가 사용되고 있다.

묻지마 범죄를 예방하는 방법

묻지마 범죄는 그 유형이 특정되지 않아 사전에 예방하기 어렵다는 특징이 있다. '범죄자의 화를 촉발시킨 상황 혹은 상대'가 개인별로 다를 뿐 아니라, 동일 인물이라도 시시때때로 달라지기 때문이다. '분노'라는 감정이 언제 무엇을 계기로 발생하는지 규명할 수 없어 분노범죄는 예방하기가 어렵다. 이런 이유로 분노범죄에 대한 지속적인 문제제기가 있어도 구체적 방안을 마련하기가 쉽지 않다. 전문가들은 경쟁과 반복이 일상화되는 사회를 살아가는 현대인이 분노를 적절히 제어하지 못하는 데는 분노를 느끼는 감각이 무뎌진 측면이 있다고 지적했다. 현대인이 분노를 스스로 인식하지 못할 정도로 무뎌져 있어 자신의 합리적인 이성으로 감정을 적절히 통제하는 일도 쉽지 않다는 것이다.

미국은 묻지마 범죄를 저지를 가능성이 큰 출소자들이 지역사회에 안정적으로 복귀할 수 있도록 수용자들을 대상으로 '재진입(RE-ENTRY)' 제도를 운영한다. 여러 기관의 협력 아래 직업 교육과 약물치료 교육, 생활 태도 개선 프로그램 등이 진행된다. 일본은 정신질환 범죄자를 지속적으로 관리하는 의료관찰관제를 시행하고 있다. 우리나라도 빈곤층 복지를 담당하는 지방자치단체와 정신질환자를 관리하는 보건

당국 등이 협력 체계를 구축해야 한다.

사이코패스란 무엇일까?

최근에 자주 일어나고 있는 '묻지마 범죄' 사례에서 사이코패스라는 용어를 한 번쯤 들어봤을 것이다. 사이코패스에 대한 정의는 다양하지만, 공통적인 특징으로 '냉혹하고, 냉담하고, 자신의 행동으로 자신은 물론 다른 사람들에게 피해를 주는 일에 아무런 양심의 가책을 느끼지 않는다'는 것이 일반적인 의견이다.

사전적 의미의 사이코패시(psychopathy)는 반사회적인격장애(antisocial personality disorder)의 하위 범주로, 공감 및 죄책감이 결여되어 있고 얕은 감정, 자기 중심성, 남을 잘 속임 등의 특징이 있다. 실질적인 불만이 없어도 있다고 느끼고 있는 경우가 많으며, 죄의식이나 양심의 가책을 느끼지 못한다. 행동 또는 생활방식에서 충동적이고 지루함을 참지 못해 자극을 추구하며, 책임감이 없어 사회규범을 쉽게 위반한다. 이러한 정신질환을 가진 사람을 사이코패스(psychopath)라 부른다. 망상, 비합리적 사고 등이 거의 나타나지 않는다는 점에서 정신병(psychosis)과 구분된다.

미국 브룩헤이븐국립연구소의 연구 결과에 따르면 사이코패스들은 감정을 조절하고 종합적인 판단에 관여하는 전두엽이 일반인처럼 활성화되지 않기 때문에(일반인의 약 15퍼센트) 감정을 느끼고 통제하는 데 매우 미숙하다. 그래서 상대방의 입장을 헤아리지 못해 이기적이며, 대단히 충동적이고 즉흥적인 행동을 한다.

우리가 흔히 생각하듯 사이코패스라고 해서 꼭 연쇄살인마가 되는 것은 아니다. 폭행이나 상습 절도, 강도 같은 범죄를 우발적으로 일으켜서 교도소를 들락거리는 경우가 많다. 거짓말을 잘하기 때문에 자신의 거짓말이 들통나도 곧바로 다른 거짓말을 생각해내기도 한다. 뻔뻔하게 어떤 말이든 아무렇지 않게 내뱉기 때문에, 매우 무식한 사람이라도 아주 박식하고 매력적이며 유능한 사람으로 보일 수 있다. 사이코패스는 주어진 환경에 따라 다양하게 발현되기 때문에 정치인이나 기업의 CEO 중에도 사이코패스적인 성향이 있는 사람들이 있다. 그들은 계산적인 행동과 표정, 말투로 사회에서 성공을 거두기도 한다.

미국정신의학회(American Psychological Association, APA)는 《정신질환의 진단 및 통계 편람 5판(DSM-V)》에서 반사회적인격장애의 일부 개념에 사이코패스를 포함했다. 하지만 사이코패스와 반사회적인격장애를 완전히 같은 질환으로 볼 수 없다는 게 전문가들의 의견이다.

　반사회적인격장애를 가진 사람들은 직장생활에 잘 적응하지 못하고, 업무 미숙 또는 상관이나 동료들과의 갈등 등의 문제로 자주 해고를 당한다. 그래서 경제적으로 가족에게 의존하게 되고, 알코올 의존증에 빠지거나 약물을 남용해 공격적이고 남을 착취하는 행동을 하는 등 자주 법을 어기고 결국 범죄자가 되는 경우가 많다. 이들은 자신의 행동에 문제가 있다는 점을 깨닫지 못하기 때문에 치료 등 원인 제거가 어렵다. 나이가 들면서 반사회적인격장애의 증상이 감소된다는 사례가 있지만 이미 성인이 된 뒤에는 치료하기가 어렵다고 한다.

　캐나다의 범죄심리학자 로버트 헤어(Robert D. Hare)는 100명 중 한 명꼴로 사이코패스가 존재한다고 했다. 즉 우리 주위에도 사이코패스가 존재할 수 있다는 것이다. 사이코패스는 다른 정신장애를 가진 사람들과 달리 자신의 문제와 감정을 잘 숨기고, 평소 주위 사람들로부터 얌전하다는 평가를 듣는다. 사이코패스의 기질은 평소에 잠재되어 있다가 끔찍한 범행을 통해서만 밖으로 나타나기 때문에 사이코패스를 미리 알아보기는 어렵다. 현재까지 알려진 바에 따르면, 사이코패스들은 인지적 혹은 감정적 과제 수행에서 일반인과는 다른 점을 보인다. 예를 들면 사이코패스는 심층적 언어의 맥락을 잘 이해하지 못하고, 특정 상황에 대한 감정 반응(특히 공포 반응)이 느리다. 그리고 코넬대학교 심리학연구팀에 따르면 사이코패스는 음식, 성, 돈에 관해 자주 말하고, 말을 더 듣고, 감정 관련 단어를 사용하는 데 미숙하다고 한다.

사이코패스는 뇌의 합리적인 판단과 대인관계 능력, 실행 능력을 담당하는 전두피질과 회백질의 기능 장애가 원인이라는 의견이 지배적이다. 2013년 영국 정신건강연구소 나이절 블랙우드(Nigel Blackwood) 박사 팀이 범죄자들의 뇌 구조를 관찰한 결과, 사이코패스의 경우 전두피질과 측두엽 회백질의 양이 매우 적었다. 블랙우드는 "전두엽과 측두엽 부위가 손상되면 감정이입이 불가능해져 죄책감, 두려움, 걱정 등의 반응이 약해지거나 거의 일어나지 않는다"고 설명했다.

과도한 세로토닌 분비도 사이코패스 성향을 높이는 또다른 원인으로 지목되었다. 세로토닌은 긴장을 풀어주고 감정을 차분하게 가라앉혀 주는 역할을 한다. 반면 MAO-A 유전자를 보유한 사람은 뇌가 세로토닌을 과도하게 분비해 오히려 세로토닌에 무반응을 보인다. 이는 결국 냉담하고 타인에 연민을 느끼지 못하는 사이코패스 성향으로 이어진다는 것이다.

다른 연구에서는 사이코패스가 유전적 요인으로 타고나는 것이 아니라 어린 시절의 정서적 상처에 더 큰 영향을 받는 것이라고도 한다. 헤어 박사는 부적절한 양육이나 어린 시절의 나쁜 기억이 사이코패스의 근본 원인은 아니지만, 본성에 존재하는 사이코패스 성향을 발현시키는 데 중요한 역할을 한다고 했다.

그러나 모든 사이코패스가 연쇄살인이나 성폭력 등의 끔찍한 범죄를 저지르는 것은 아니다. 사이코패스는 사회 상류층이나 여성, 청소년에게서도 생각보다 많이 나타난다. 실제로 사이코패스들은 고도의 범죄를 계획할 수 있는 지능과 논리력을 가지고 있어, 사회에서 성공할 가능성도 크다.

3 아무 말 하지 않는
   범인

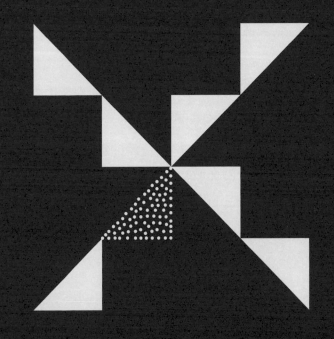

서로 마주 보는 두 사람 사이의 의사소통에서는 구체적인 단어의 의미가 차지하는 비중은 크지 않다. 전체 대화의 7퍼센트밖에 차지하지 않는다. 음성의 크기와 높낮이, 리듬 등이 38퍼센트를 차지하고, 표정과 신체의 움직임이 55퍼센트를 차지한다. 우리는 직접 만나서 대화를 하는 것보다 전화 통화를 할 때 더 자주 오해하곤 하는데, 그 이유는 전화로는 상대방의 표정이나 신체의 움직임을 볼 수 없기 때문이다. 이런 원리로 상대가 하는 말과 정반대되는 부자연스러운 표정과 움직임은 상대가 거짓말을 하는 것임을 본능적으로 느끼게 한다. 예를 들면, 거짓말을 하는 사람은 무의식적으로 손을 들어 입을 가리는 경향이 있다. 팔짱을 끼고 앉아서 말하는 상대방을 외면하거나 두 다리를 발목에서 꼬고 있는 사람은, 현재 상대방의 말을 한 귀로 듣고 한 귀로 흘린다고 봐도 된다. 어떤 자세는 그가 긴장하거나 걱정하고 있다는 사실을 드러내기도 한다.

표정에서 읽을 수 있는 것

미국의 심리학자 폴 에크먼(Paul Ekman)은 표정 변화를 보고 범죄자가 거짓말을 하는지 그렇지 않은지, 범죄자가 어떤 마음 상태인지를 알아내는 연구를 했다. 그는 1978년 얼굴의 움직임을 체계적으로 묘사한 최초의 얼굴 지도인 '얼굴움직임해독법(facial action coding system, FACS)을 만들어냈고, 미국 FBI, CIA 등에서 범죄 용의자나 테러리스트의 표정 및 심리 분석에 관한 많은 조언을 했다.

에크먼에 따르면, 우리는 대화하는 동안 얼굴로 미세하게 속마음을 표현한다. 이것은 보통 상대방도 눈치채지 못할 만큼 미세하고 자신도 통제할 수 없는 얼굴 근육 움직임이다. 얼굴 근육을 통제할 수 없는 이유는 감정은 보편적이고 유전적인 발현의 결과물이며, 문화적이지 않고 생물학적이기 때문이다. 즉 문화, 양육 방식 또는 성장 환경에 상관없이 모든 사람이 놀라움을 표현할 때 입을 벌리는 것과 같다.

이처럼 유전자 덕분에 행복의 감정과 두려움의 감정을 느낄 때 서로 다른 얼굴 근육이 다른 방법으로 움직이게 된다. 이러한 움직임은 사실상 무의식적이기 때문에 대부분 우리의 감정을 반영한다.

에크먼의 연구에 따르면 우리가 행복할 때는 광대가 올라가고 입술 끝이 뒤로 당겨 올라가며, 아랫눈꺼풀 아래에 주름이 지고, 코와 윗입술 사이와 눈가 바깥 부분에도 주름이 진다. 불쾌할 때는 윗입술이 들어가고 비대칭의 코끝과 윗입술 부근과 이마에 주름이 잡힌다. 분노할 때는 눈썹 높이가 낮게 수축되고 각이 지며 아랫눈꺼풀이 팽팽해진다. 입술은 소리를 지르듯 팽팽하게 열리며 시선이 고정된다. 두려울 때 는 눈썹 높이가 높아지고 윗눈꺼풀과 아랫눈꺼풀이 올라간 다. 입술이 가늘게 벌어지기도 한다. 놀랄 때는 눈썹 높이가 올라가고, 동그란 모양으로 바뀌며 동공이 확장되고 턱이 벌 어진다. 슬플 때는 눈의 바깥쪽이 아래로 비스듬히 기울어지 고 입술이 아래로 향하며 입술이 떨릴 수도 있다.

일반적으로 범죄자의 표정 변화에 거짓말의 단서가 가장 많고, 다음이 일반인이 알아채기 어려운 미세한 얼굴 움직임, 손동작, 말의 속도, 몸짓, 체온, 목소리, 동공 크기순이다. 이 러한 미세 움직임은 약 25분의 1초라는 매우 짧은 시간 동안 나타나기 때문에, 훈련을 받지 않으면 이 순간적인 표현을 인 지할 수 없다. 훈련된 전문가가 이 모든 단서를 근거로 거짓 말 여부를 확인한다면 정확도는 95퍼센트 이상이라고 한다.

일반적으로 거짓말을 하게 되면 말이 잠시 끊기면서 유 창함이 떨어지고 억양이 단조로워진다. 시선을 회피하거나 손동작이 감소할 수도 있다. 이렇게 거짓말을 할 때 행동이 바뀌는 이유는 실제 경험한 사실을 말하지 않고 뭔가를 꾸며 낼 때는 생각에 과부하가 걸리기 때문이다. 생각에 부하가 걸 리면 정서에도 부하가 걸리고, 이때부터 감정을 자기 뜻대로 통제할 수 없다. 그러면 자기도 모르게 표정이나 몸짓, 목소리가 평소와 달라지게 된다.

하지만 선척적으로 타고난 거짓말쟁이는 거짓말을 하면서도 스스로 진실이라고 믿는 경향이 강해서 거짓말의 단서를 잘 드러내지 않는다. 거짓말을 자주 하다 보면 나중에는 진실이라고 믿는 자기 최면에 빠지는 수가 있다. 그리고 호의적인 인상이나 매력적인 외모를 가진 사람의 거짓말이 잘 드러나지 않는 편이라고 한다.

거짓말을 탐지하는 방법

인간의 거짓말을 탐지하는 방법은 과학기술이 발달하면서 만들어진 것이 아니다. 과거 중국에는 미교법(米嚙法)이란 것이 있었다. 범죄 용의자에게 말린 쌀가루를 입에 가득 머금게 한 채 신문을 하고 신문이 끝난 후 이것을 토해내게 해 쌀가루가 말라 있으면 유죄이고 습기를 머금고 있으면 무죄로 판단했다. 서양에서도 앵글로색슨족은 용의자가 말린 빵을 씹어서 쉽게 삼킬 수 있으면 죄가 없다고 보았다. 이는 감정과 생리적 변화의 관계에 바탕을 둔 방법이다. 이렇게 옛날 사람들의 지혜를 과학기술과 접목해 현대화한 것이 거짓말탐지기, 즉 폴리그래프(polygraph)라고 할 수 있다.

과학적 거짓말탐기지는 1581년 갈릴레오 갈릴레이(Galileo Galilei)가 인간의 맥박을 기록할 수 있는 장비를 개발하면서 시작되었다. 1859년 이탈리아의 범죄학자 체사레 롬브로소와 안젤로 모소(Angelo Mosso)가 범죄 탐지에 과학적 현상을 최초로 적용해 맥박 및 혈관 기록계로 실제 용의자를 측정한 바 있다. 1921년에는 미국의 경찰인 오거스트 볼머(August Vollmer)와 존 오거스터스 라손(John Augustus Larson)이 혈압, 맥박, 호흡을 동시에 그리고 계속적으로 측정할 수 있는 장비를 개발했는데, 이것이 현대 폴리그래프의 발명으로 이어졌다.

일반적으로 사람들은 거짓말이 탄로 날 때 받게 될 불이익과 두려움에서 불안, 긴장, 초조, 공포 등의 감정을 느낀다. 이러한 감정의 변화, 즉 정서적 자극은 인간이 의식적으로 조절할 수 없는 불수의적인 자율신경계와 호르몬 등의 작용에 의해 여러 가지 생리적 변화를 일으킨다. 오늘날의 거짓말탐지기는 이러한 생리적 변화 중 과학적으로 측정할 수 있는 호흡, 피부 전도, 심장 박동의 활동 변화를 기록하는 장비이다.

폴리그래프 검사의 신빙성 논란은 끊임없이 제기되고 있지만, 우리나라를 포함한 대부분의 나라에서 폴리그래프 검사는 어느 정도 신뢰성과 타당성을 인정받고 있다. 1980년부터 1988년까지 국방부 조사본부 과학수사연구소는 폴리그래프 검사를 실시한 사람 중 진실 반응자는 100퍼센트, 거짓 반응자는 97퍼센트의 정확도를 나타냈다고 발표했다. 하지만, DNA 검사 등 다른 어떤 검사의 경우도 100퍼센트의 정확성은 존재하지 않는 것처럼, 폴리그래프 검사도 재판에서는 검사받은 사람의 진술 신빙성을 가늠하는 정황 증거로만 활용되고 있다.

최근에는 뇌파를 활용해 거짓말을 탐지하는 방법이 활용되고 있다. 1991년 미국의 로런스 파월(Lawrence Farwell) 박사가 뇌지문(brain fingerprinting)이라 부르는 P300을 측정해 거짓말이나 범행 여부를 파악할 수 있다는 연구 결과를 발표했다. 주의력과 구별 능력, 결정 능력과 관련된 뇌파인 P300은 조현병이나 치매, 건망증 진단과 치료에 활용되고 있다. 사람의 뇌에 남아 있는 어떤 사실과 관련된 사진이나 단어를 보여주면 순간적으로 특수한 뇌파가 발생하는데, 그 반응 속도가 300밀리초이다. 이처럼 친숙한 자극에 대응하는 사건관련뇌파(event related potentials, ERP)의 발생 시간을 그 이름으로 삼아 P300이라 한다.

P300은 인간 의지와 상관없이 즉각적으로 반응하기 때문에 정확성이 높다고 할 수 있다. 범인이 아무리 집중해도 자신의 P300을 통제할 수는 없으며, 검사관의 주관적 해석이나 검사 조건 때문에 생기는 영향도 줄일 수 있다. 뇌파 검사는

범인이 특정한 사실을 알고 있는지를 판단하는 데 매우 유용하게 사용되고 있다. 현재 이를 분석할 수 있는 많은 장비가 개발되어 85~95퍼센트까지 거짓말을 밝혀낼 수 있다고 한다.

세계적으로 유행하는 호흡기 감염병인 코로나19 바이러스 감염을 차단하기 위해 공항에서는 열화상 카메라를 통해 입국자 중 열이 나는 사람을 선별해 격리한다. 이와 같은 식으로 과학기술이 더 발달해 가메라로도 뇌파를 촬영할 수 있다면 공항에 입국하는 모든 사람의 뇌파를 촬영해 특히 뇌파가 불안정한 사람을 선별 조사하는 식으로 테러 목적으로 입국하는 테러범을 잡을 수도 있다. 그리고 목소리 스트레스 (voice stress) 측정기를 통해서 범인 목소리의 미세한 떨림을 감지해 거짓말을 밝혀낼 수 있다고 한다. 현재 전 세계적으로 가장 많이 사용하는 거짓말탐지 검사는 폴리그래프 검사로, 범죄 수사뿐 아니라 정보를 다루는 기업체 등에서 산업기술 유출 방지 등에 사용하고 있다. 또 국가정보기관에서 인력을 채용하거나 운용할 때도 사용하고 있다. 외국에서는 재범 비율이 높은 성폭력, 가정폭력, 음주운전 등 특정 범죄의 관리와 예방을 위해 범죄 경력자를 대상으로 정기 검사를 실시하고 있는데, 일부 국가에서 그 효과가 검증되어 범위를 확대하는 추세이다.

이 외에도 음성분석기법, 바이브라이미지(vibra image) 등이 있으며, 최근에는 안구근육운동(ocular motor)을 활용한 검사기법이 개발되어 상용화 단계에 있다.

숨겨진 진실을 밝혀내는 거짓말탐지기 검사관

피노키오효과(pinocchio effect)는 거짓말을 하는 사람의 혈압이 상승해 코끝이 팽창하고 가려운 느낌이 나는 효과를 말한다. 이탈리아의 동화작가 카를로 콜로디(Carlo Collodi)가 1883년에 발표한 동화《피노키오》에서 거짓말을 하면 피노키오의 코가 길어지는 것에서 유래되었다. 이 동화 속 이야기가 전혀 근거가 없는 것은 아니다. 스페인 그라나다대학교의 심리학자들은 피부온도측정그래프(thermography)를 이용해 사람들이 거짓말을 할 때 얼굴 온도를 측정했는데, 그 결과 사람들이 거짓말을 할 때 코와 코안 근육의 온도가 확연히 높아지는 것을 확인했다.

이러한 현상은 두뇌의 뇌섬엽(insular lobe)과 관련이 있다. 연구진은 "사람들은 일반적으로 에너지를 쏟는 일을 할 때 얼굴 부위 온도가 낮아지지만, 불안감을 느끼면 반대로 온도가 높아진다"며 "따라서 어려운 프로젝트를 진행하거나 잘 모르는 일을 해야 할 때, 또 거짓말을 할 때 얼굴 온도가 변한다"

라고 설명했다. 뇌섬엽은 인체의 의식과 체온을 감지 통제하고 이를 조절하는 뇌의 일부분이기 때문에 사람들이 거짓말을 할 때면 이 부분의 기능이 극히 활발해진다는 것이다.

이 원리를 이용해서 이탈리아의 범죄학자 롬브로소는 세계 최초로 혈압계와 맥박계를 범죄자 심문에 응용하는 방안을 연구했고, 그것을 활용해 범인을 검거하는 데 성공했다. 당시 사무실에서 문서외 2만 프랑을 훔친 혐의로 조사를 받는 범인에게 질문하면서 혈압과 맥박을 측정해 범인이 2만 프랑을 훔치지는 않았지만, 문서는 훔쳤다고 판정했다. 그의 판정은 이후 수사에서 사실로 밝혀져 폴리그래프 수사의 시초가 되었다.

오늘날 거짓말탐지기를 사용해 피의자, 피해자, 참고인 등을 대상으로 거짓말 여부를 밝혀내는 전문수사관을 거짓말탐지기 검사관이라고 말한다. 우리나라에는 거짓말탐지기 검사관들이 설립한 '한국폴리그래프협회(KPA)'가 있는데 거짓말탐지기 검사관이 되기 위해서는 KPA에서 발급하는 자격증을 취득해야 한다. 거짓말탐지기 검사관 선발은 KPA에서 주관하는데, 기본적으로 수사 부서에서 2년 이상 근무해야 하고, 용모가 단정하며 침착한 성격의 소유자로 심리학적인 지식과 도덕적 윤리의식이 투철한 자를 선발 요건으로 하고 있다.

거짓말탐지기 검사관이 되려면 우선 경찰, 검찰 등 수사기관의 수사관이 되어야 하고, KPA의 교육생으로 선발되어 3개월 동안 심리학, 생리학, 약리학, 정신병리학 등 관련 분야의 기본 교육 과정을 이수해야 한다. 그 후 인턴 과정에서 50건 이상의 실제 사례를 검사해야 KPA에서 주관하는 거짓말탐지기 검사관 자격 시험에 응시할 수 있고, 이 시험에 합격해야 자격증을 취득할 수 있다.

4 범죄자의
마음을 읽다

범죄자들은 최대한 자신의 범행을 숨기고 심지어 증거가 있다 하더라도 무조건 아니라는 식으로 대처한다. 이 때문에 수사관들은 항상 거짓말하는 범죄자들을 상대한다고 할 수 있다. 또한 가해자와 피해자의 진술이 서로 다른 경우 누구의 진술이 진실이며 누구의 진술이 거짓인지 평가하고 판단하기가 매우 곤란한 상황에 처하기도 한다. 그리고 다수의 용의자 중 한 명이 범인일 경우 모든 용의자를 조사하고 거짓말탐지기 검사를 하면 시간이 오래 걸려 수사의 효율이 떨어지기도 한다.

　　그리고 결정적으로 거짓말탐지기 검사는 임의수사이다. 수사에는 임의수사와 강제수사가 있는데, 임의수사는 수사를 받는 대상자, 즉 용의자 또는 범죄 피의자의 동의를 받아서 하는 수사를 말한다. 대표적인 것이 거짓말탐지기 검사이다. 반대로 강제수사는 용의자나 범죄 피의자의 동의가 없어도 수사기관에서 강제로 할 수 있는 수사로 체포와 구속, 압수가 대표적인 예라고 할 수 있다. 그런데 강제수사도 수사기관이 마음대로 할 수 있는 것이 아니다. 강제수사가 필요할 때는 사전에 법원에 영장을 받아야 한다. 이것을 강제수사 영장주의라고 말하는데, 이에 따라 수사기관이 마음대로 강제수사를 하는 것을 제한함으로써 인권을 보호한다.

거짓말탐지기 검사를 거부하는 범죄자

그렇다면 범죄자가 거짓말탐지기 검사를 거부한다면 어떻게 해야 할까? 그래서 경험이 많은 수사관들은 저마다 범죄자의 거짓말 여부를 가려내는 자신만의 또는 일반적인 노하우를 갖고 있다. 가장 대표적인 것은 불분명한 말의 종류와 빈도를 보고 판단하는 방법이다. 말을 할 때 '저어, 그러니까'가 전체의 약 40퍼센트로 가장 많고, 말 바꾸기가 25퍼센트, 반복이 20퍼센트, 말을 더듬거나 얼버무리는 것이 9퍼센트, 말을 생략하거나 하다가 마는 것이 5퍼센트라고 한다.

　더 중요한 것은 거짓말을 하거나 뭔가 감추는 일이 있을 때 이를 간파할 수 있는 몸짓 신호를 포착하는 것이다. 범죄자를 조사할 때 범죄자가 침착하지 못하고 자세를 자주 바꾸거나 상대방의 얼굴을 똑바로 보지 못한 채 옆을 보거나 시선을 피하는 경우, 표정이 굳거나 안색이 바뀌거나 입술을 내미는 경우, 주머니에 손을 넣거나 아래턱을 두드리거나 뺨이나 코를 문지르고 팔짱을 끼는 경우, 발을 떠는 경우, 눈의 움직임이 불안해지거나 눈을 깜빡이는 횟수가 많아지는 경우 거짓말을 한다고 볼 수 있다. 특히 무의식적인 눈 움직임으로 거짓말 여부를 알 수 있다는 이론도 있다. 신경언어학 프로그래밍(neuro-linguistic programming, NLP)에 따르면 오른손잡이의 경우 거짓말을 할 때 눈동자가 오른쪽을 향하고, 진실을 말할 때 왼쪽을 향한다고 한다. 이것은 두뇌가 활성화되는 것을 토대로 꾸며내거나 상상한 일을 생각할 때는 눈동자가 오른쪽을 향하고, 과거의 기억을 되짚을 때는 눈동자가 왼쪽을 향한다는 이론에 근거하고 있다.

그러나 이제 거짓말하는 사람을 가려내려면 눈보다는 손의 움직임이나 말하는 속도를 관찰하는 것이 나을 것이다. 영국 하트퍼드셔대학교의 심리학과 교수 리처드 와이즈먼(Richard Wiseman)은 "눈동자의 움직임은 거짓과는 관련이 없다"고 한다. 와이즈먼은 실험 참가자들에게 거짓 혹은 진실을 이야기하게 하면서 눈의 움직임을 비디오로 촬영한 후 이들의 영상을 보고 '눈동자 이론'에 근거해 거짓말을 판단해보았으나, 눈동자의 움직임으로는 거짓말을 가려낼 수 없었다고 한다. 또 방송에 나와 잃어버린 가족을 찾아달라는 기자회견을 하는 사람들의 모습을 분석하며 보충 실험을 했으나, 역시 눈동자 움직임과 거짓말 여부는 상관이 없는 것으로 결론지었다. 에든버러대학교의 캐럴라인 와트(Caroline Watt)도 "눈동자 움직임으로 거짓말을 알아낼 수 있다는 가설은 그만 포기하고 새로운 거짓말 탐색 방법을 찾아야 한다"고 말했다.

심리를 읽는 과학적 기술, 진술분석

수사관이 불분명한 말과 몸짓 신호를 포착해 거짓을 탐지한 것만으로 수사를 마무리할 수는 없다. 이때 프로파일러 또는 전문 수사관이 활용하는 수사 방법이 진술분석(statement validity assessment)이다.

진술분석은 실제 경험한 사건에 대한 진술과 허위로 꾸며내거나 상상으로 한 진술에는 그 내용과 질에 차이가 있다는 것을 기본 전제로 하여, 진술의 진실성 여부를 과학적으로 분석하는 기법이다. 진술분석은 진술인의 진술을 정확히 판단하기 위해 그 사람이 사용한 어휘들을 검토하는 방법이나 절차를 의미한다. 심리측정검사나 기계적인 체크리스트가 아니라 주어진 진술에 대해 가설을 세우고 검증하는 일련의 과학적 연구 절차를 총칭한다. 목격자가 없고 피해자의 진술이 유일한 증거인 성폭력·아동학대 등의 사건에서 피해자 진술의 신빙성을 판단해 실체적 진실을 밝히는 데 유용하게 활용되고 있다.

진술분석은 1930년대 들어 법관들이 심리학에 관심을 갖게 되면서 발전하기 시작했다. 1955년 독일 대법원은 모든 성범죄사건의 진실성을 판단하기 위해 심리적 면담과 평가 도구를 사용하도록 하는 법률을 제정했다. 이후 독일, 스웨덴,

네덜란드 등 유럽에서 진술분석은 하나의 독립된 증거로까지 활용되고 있다. 미국 법정에서 진술분석 전문가의 역할은 진위 여부에 대한 판단을 제공하는 것만이 아니라 이 분야의 장단점을 설명하고 자료 분석에 대한 경험적 토대를 설명해주는 것으로 허용되고 있다. 진술분석 전문가는 진술인의 증언 신빙성을 반영하는 진술의 다양한 특징들을 지적함으로써 법정에서 사실 판단에 중요한 역할을 할 수 있다.

진술분석은 대상자의 언어적 태도를 분석해 대상자가 사건에 대해 갖고 있는 태도와 심리 상태에 접근하고자 한다. 대상자가 '무엇을 진술하고 싶어 하는지' 혹은 '무엇을 진술하고 싶어 하지 않는지' 나아가 '진술하고 싶어 하지 않는 부분을 어떻게 감추고 다른 말로 포장하려 하는지'와 '진술하고 싶어 하지 않는 이유가 무엇인지'를 탐색할 수 있다.

진술인이 거짓을 감추려는 의도로 '진실'을 숨기고 '거짓 진술'을 하는 것인지, 진술인 자신의 개인적인 이유나 사정으로 숨기려고 하는 것인지에 대한 판단이 필요하다.

과학적 내용분석(scientific content analysis) 중 SCAN 진술분석 기법은 이스라엘의 거짓말탐지 검사관 아비노엄 사피어(Avinoam Sapir)가 개발했다. 사피어는 진술의 구조와 내용을 분석해 진술의 신빙성을 평가하고자 했다. 진술의 구조란 일반적인 글쓰기에서와 같이 서론, 본론, 결론 등의 형식적인

면을 가리키는 것으로, 용의자의 진술서에서는 사건 전, 사건 중, 사건 후로 나뉜다. 일반적으로 사건을 은폐하거나 왜곡하려는 의도가 있는 진술인은 '사건 중'의 비중을 줄이고 '사건 전'이나 '사건 후'의 분량을 늘이는 경향이 있다.

진술의 내용이란 말 그대로 진술인의 글쓰기 목적과 의도가 담겨 있는 진술서 내용 자체를 의미한다. 예를 들어 가족이나 친구의 사망 사건과 관련해 진술인이 어떠한 정서적 표현도 하지 않았다거나 정서적으로 무미건조한 진술서를 작성하고 사건과 자신과의 관련성이 없다는 부분에 대해서만 강조한다고 가정해보자. 이것은 사건 해결이 아니라 무죄를 입증하려는 것으로, 마치 용의자가 혐의를 부인하는 것과 같은 진술 태도일 수 있다.

SCAN 진술분석의 준거에는 언어(호칭)의 변화, 진술서 내 정서 표현의 부적절한 위치, 대명사의 부적절한 사용, 사건과 관련된 기억의 부족, 혐의를 부인하지 않음, 진술의 흐름에서 벗어난 정보, 사회적 소개의 부재, 자발적인 수정, 진술의 비평균적 구조, 시제의 변화, 시간의 불일치, 중요하지 않은 정보의 부각, 불필요한 연결 또는 생략이 있다.

경찰 수사 단계에서 진술분석은 주로 용의자의 진술을 분석해 진술의 신빙성을 평가하거나 사건 해결의 단서를 유추하는 수사 기법이라고 할 수 있다. 다수의 용의자가 모두 거짓말을 하고 있다면 용의자 모두에게 자필 진술서를 작성하도록 하고 진술 분석을 통해 각각의 진술에 대한 신빙성을 평가해 수사 시간을 단축하고 효율을 높일 수 있다. 미국, 캐나다, 영국의 수사기관에서는 피의자 신문 기법, 거짓말탐지 검사와 관련해 진술분석을 많이 활용하고 있으며, 거짓말탐지 검사관이 피검사자의 진술을 분석해 활용하기도 한다. 이러한 진술분석 기법은 DNA, 지문과 같이 사건 해결에 결정적 단서가 되거나 유죄를 입증하는 증거로 활용할 수는 없지만, 용의자 진술의 모순점을 집중적으로 추궁하거나 용의자가 감추고자 하는 사실을 추론함으로써 수사의 단서를 찾아내는 데 중요한 역할을 한다.

그러나 이런 방법에도 한계가 있다. 정신병적인 거짓말쟁이, 감정적으로나 정신적으로 불안정한 사람, 술에 취한 사람, 어린아이는 거짓말탐지 검사에 효과가 없다. SCAN 방식은 사회적 소개의 개념을 강조하면서 거짓 의사소통을 하는 사람들이 사용하는 언어적 행동에 기초해 진술의 내용과 구조에서 진술의 진위를 확인하는 방법이다. 이는 진술자의 전체적인 진술이 참인지 거짓인지를 구별하는 데는 유용하지만, 형사사건에서 진술자의 개별 진술이 참인지 거짓인지에 대해서는 정확한 결과를 제공해주지 못한다.

5 자백을
끌어내는 방법

우리는 살아가면서 다른 사람과 갈등을 빚거나 좋지 않은 상황을 겪는 등 여러 가지 감정을 경험한다. 예를 들어 친구와의 의견 충돌, 부모님께 듣는 꾸지람, 사랑하는 사람과의 이별, 시험 전날의 불안 등 이루 말할 수 없을 만큼 많다. 그 순간에 우리의 마음은 평정이 깨지며, 불편하고 불안한 감정을 느끼게 된다. 특히 도덕적으로 용납할 수 없는 충동, 공격적 욕구, 분노 등은 위험 불안을 일으키는데, 이렇게 본능적 욕구에 대항해 마음의 평정을 회복하려고 노력하는 것을 방어기제(defense mechanism)라고 한다.

자신을 지키려는 마음

심리학 사전은 방어기제를 두렵거나 불쾌한 일, 욕구 불만에 맞닥뜨렸을 때 자기 자신을 방어하기 위해 자동으로 취하는 적응 행위라고 정의한다. 미국정신의학회가 출간한 《정신질환의 진단 및 통계 편람 4판(DSM-IV)》은 이를 불안과 내적·외적 위험이나 스트레스 요인으로부터 개인을 보호하는 자동적인 심리 과정으로 정의한다. 여기에서 말하는 위험이란 물리적인 위험뿐 아니라 사랑하는 사람의 상실이나 물건의 상실, 인정을 받지 못하는 것 등도 포함된다. 정신분석에서 방어란 위험들과 그에 수반되는 불쾌한 것들로부터 자신을 보호하려는 자아의 저항을 가리키며, 무의식적으로 작동한다고 한다. 그래서 방어는 불안을 유발하는 것으로부터 자아를 보호하기 위해 사용되는 정상적인 심리 조작으로 볼 수 있다.

방어기제는 주로 심리적인 갈등에서 비롯되는데, 정상적인 적응과 성격 발달의 중요한 부분이 될 수도 있고, 두통이나 소화불량처럼 병리적인 증상이나 성격장애, 공격적인 범죄와도 관련될 수 있다.

자아 방어기제는 크게 네 가지로 분류할 수 있는데, 자아도취적 방어기제(부정, 투사, 투사적 동일시, 왜곡, 분리), 미성숙한 방어기제(동일시, 수동공격, 신체화, 행동화, 퇴행), 신경증적 방어기제(반동형성, 전치, 억압, 통제, 합리화, 해리, 허세, 지식화), 성숙된 방어기제(억제, 예견, 승화, 이타주의, 유머)이다.

그중 범죄와 관련되는 대표적인 방어기제는 전치와 동일시라고 할 수 있다. 전치(displacement)는 본래의 대상에서 느낀 감정을 상대적으로 덜 위험한 대상으로 옮기는 과정이다. 화난 감정 때문에 길가의 돌멩이를 걷어차는 행위, 혹은 '종로에서 뺨 맞고 한강 가서 눈 흘긴다'라는 속담처럼 제3의 대상에 감정을 해소하는 행위가 전치 방어기제의 예이다. 그러나 길가의 돌멩이를 걷어차는 것이 아니라 다른 사람의 물건을 부순다던가 다른 사람을 때리는 등의 충동적인 공격 행위로 표출한다면 범죄가 된다.

동일시(identification)는 자신에게 중요한 인물의 태도와 행동을 자기도 모르게 닮는 심리 기제로, 단순한 흉내(imitation)와 달리 성격 발달과 형성에 중요한 역할을 한다. 동일시의 대상은 부모가 되기 쉬운데, 정상적인 동일시는 자아 발달에 가장 중요한 방어기제에 속한다. 하지만 닮아서는 안 될 특징을 닮게 되는 적대적 동일시라던가 두려운 상대의 특징을 닮게 되는 공격자와의 동일시는 자칫 범죄 행위로 이어질 수 있다. 가정 또는 학교에서 학대나 폭력을 당한 아이가 성장해 똑같이 학대나 폭력을 행사하는 것이 그러한 경우이다.

부정과 투사 그리고 합리화

범죄자가 검거된 후 자백을 하지 않는 상황에서 프로파일러는 범죄자가 상황을 어떻게 인식하는지 그리고 어떤 의식적 또는 무의식적 방어기제를 사용하는지 파악해 범죄자 스스로 자백하게 해야 할 때가 많다. 범죄자가 검거된 후 가장 많이 사용하는 방어기제는 부정과 투사 그리고 합리화이다.

부정(Denial)은 의식에서 도저히 받아들일 수 없는 내용을 마치 처음부터 존재하지 않는 것처럼 의식하는 매우 원시적인 단계의 방어기제이다. 사랑하는 아이가 갑자기 교통사고를 당했을 때 내 아이가 아니라고, 그럴 일이 없다고 거부하는 부모의 심리에서 부정의 방어기제를 흔히 볼 수 있다. 또는 충동적인 범죄를 저지른 후 자신이 한 것이 아니라고 하거나 전혀 기억나지 않는다고 하는 것도 이에 속한다.

투사(projection)는 자신이 무의식에 품고 있는 공격적 계획과 충동을 남의 것이라고 떠넘겨 버리는 방어기제이다. 자신의 실패를 '남의 탓'으로 돌리는 것은 투사의 대표적 예로 가장 미숙한 정신기제이다. 투사되는 내용은 투사하고 있는 사람의 무의식에 존재하면서 그 사람에게 불안을 주는 충동이나 욕구를 일으킨다. 이 내용이 사고(thinking)의 형태로 투사되면 망상이 되고, 지각의 형태로 투사되면 환각이 된다. 투사는 방어기제 중 부정 및 전치와 밀접한 관계가 있다. 아이가 집에서 놀다가 창문을 깨뜨렸을 때 부모에게 혼나는 것이 두려워 서로 책임을 회피하는 것처럼 범죄자들이 서로 공범에게 책임을 미루는 것이 바로 투사이다.

마지막으로는 합리화(rationalization)를 들 수 있다. 합리화는 무의식적 동기에서 나온 행동의 결과를 스스로 그럴듯한 이유를 내세워 위안하는 방어기제이다. 이솝우화의 〈여우와 신 포도〉 이야기는 이른바 '신 포도 기제'로 유명하다. 길을 가다 목이 마른 여우가 포도나무를 발견했다. 여우는 포도를 따 먹으려 했지만 뛰어오르면 오를수록 힘이 빠져 결국 포기하고 돌아서며 "저 포도는 시어서 못 먹겠군"이라고 중얼거렸다. 이것이 합리화의 대표적인 예라 할 수 있다. 이처럼 합리화는 그럴듯한 이유를 대며 자신의 심리적 균형을 유지하고자 하는 것으로, 일상생활에서 매우 보편적으로 동원하는 방어기제에 속한다. "핑계 없는 무덤 없다" 같은 속담도 합리화의 기제를 잘 보여준다. 범죄자는 피해자가 먼저 시비를 걸었다거나 사회가 자신을 범죄자로 만들었다면서 자신의 범행을 합리화한다.

억제 그리고 유머, 성숙된 방어기제

인간은 누구나 심리적 평형을 유지하고 갈등에 휘말리지 않기 위해 자아 방어기제를 불가피하게 동원한다. 따라서 지그문트 프로이트의 갈등이론은 방어기제의 실체를 밝히는 초석이 되었다.

　방어기제는 중요한 사람과의 친밀한 관계에서 발생하는 관계 및 인지적 패턴으로서, 불안을 일으키는 대상으로부터 마음의 평정을 유지하고 보호하는 기능을 하며, 외부의

해로운 영향이나 내부의 위협으로부터 자신을 보호하는 기능을 한다.

방어기제 개념은 범죄자의 심리적 현상을 설명하는 데 아주 유용하다. 꿈의 해석에 치중했던 프로이트와는 달리 오늘날의 정신분석에서는 방어 및 전이 분석을 임상적으로 매우 중요한 과정으로 간주한다. 방어기제를 이해하는 것은 범죄자의 심리를 이해하고 수사를 하거나 범죄를 예방하는 데 매우 중요하다.

프로이트의 딸인 안나 프로이트(Anna Freud)는 방어기제는 정상인과 정신과 환자 모두 사용하지만, 무의식적이어서 본인이 실제로 어떤 방어기제를 사용하는지 의식하지 못한다고 했다. 앞에서 본 네 가지 방어기제 중 우리는 성숙된 방어기제를 사용하려고 노력해야 한다. 성숙된 방어기제 중 억제(suppression)는 유일한 의식적 방어기제로, 현재의 갈등, 감정, 욕구를 적절하게 해결하지 못한 경우에 그것들을 적절히 다룰 수 있을 때까지 일단 관심을 의식적으로 보류하고 문제해결을 지연하는 심리 기제이다.

승화(sublimation)는 본능적 욕구나 참아내기 어려운 충동 에너지를 사회적으로 용납할 수 있는 형태로 바꾸는 방어기제이다. 가장 생산적이며 능률적이라고 할 수 있다. 프로이트가 문명화에 가장 큰 공헌을 한 것으로 꼽은 방어기제가 바로 승화다. 특히 인간의 성적인 욕구와 공격성에 대한 승화야 말로 인류 문명을 유지하는 가장 강력한 도구가 되기 때문이다. 비극적인 전쟁 대신에 월드컵과 같은 축구 대리전쟁을 통해 파국을 막을 수 있는 것도 승화의 기제 덕분이다. 청소년의 탈선 행위를 막기 위해 그들의 폭발적인 열정을 운동이나 취미 활동 및 종교 활동으로 해소하는 것도 승화이며, 예술적 창조 행위도 근원적인 욕망과 환상의 승화라 볼 수 있다.

이타주의(altruism)는 반동형성의 일종으로, 타인을 건설적으로 도와주는 행위이다. 반동형성은 욕구를 만족시킬 수 없을 때 그와 반대되는 욕구를 만들어내는 심리 작용이다. 이런 반동형성으로도 남을 도울 수 있다. 다른 점이 있다면 이타주의는 본인 자신이 만족을 느낀다는 것이다. 이타주의는 개인이 타인들을 기꺼이 도와주는 것과 같은 자기 희생적 또는 건설적인 행동을 통해 개인 스스로 간접적으로 확실하게 대리만족감을 체험하는 성숙한 방어기제이다.

끝으로 유머(humor)는 개인이 스스로 불편하지 않고 타인에게도 불쾌감을 주지 않으면서 낙천적이고 재치있게 갈등에 대처하는, 정신적으로 건강한 문제해결 능력이다.

197

진술의 참과 거짓을 가르는 진술분석관

대검찰청 진술분석 성공 사례 중 정신질환자 및 지적장애인 복지시설의 교사들이 시설 내 피해자를 수년간 폭행하고 감금해 신체적·정신적으로 학대한 사건이 있었다. 정상적인 의사소통이 불가능한 장애인들을 진술분석관이 직접 면담해 피해 사실 진술을 이끌어내 구체적인 범죄 사실을 특징하고 신빙성을 확인해 가해자들을 구속, 기소했다. 특히 당시 사건에서 6년 전 폭행 치사 사건을 발굴해 피해자의 억울함을 풀어주는 데 중요한 역할을 했다.

이렇게 아동, 지적장애인을 대상으로 하거나 목격자가 없는 성폭력 사건에서 피해자의 진술은 범죄 행위를 밝히는 데 결정적인 역할을 한다. 그런데 악의를 가진 피해자의 진술은 억울한 가해자를 만들 수 있다. 이런 점에서 피해자 진술의 신빙성 판단은 판사들과 범죄심리학자들의 주요 관심사가 되어왔다. 미국의 일부 주에서는 피해자 진술의 신빙성을 확인하기 위해 거짓말탐지기 검사를 사용하기도 하지만, 2차 피해의 위험성 때문에 플로리다 등 많은 주에서는 이를 금지하고 있다. 그래서 과학적 진술분석 기법이 수사의 초동 단계부터 재판 단계에 이르기까지 다양한 방식으로 활용된다.

우리나라에서 진술분석관은 2006년 대검찰청에서 특별

채용한 것을 시작으로 대검찰청과 해바라기센터 등에서 비정기적으로 채용하고 있다. 해바라기센터는 성폭력과 가정폭력의 피해 아동, 여성 등을 365일 24시간 지원하는 곳이다. 특히 진술분석과 관련해서는 수사기관과의 공조수사, 진술녹화실 운영, 아동 진술분석 전문가 참여 등의 서비스를 제공한다.

진술분석관이 주로 하는 일은 의뢰받은 사건의 피면담자(피의자, 피해자, 참고인 등)를 대상으로 인지면담을 실시하고, 면담에서 확보된 진술을 바탕으로 진술의 진실성을 과학적으로 분석해 감정서를 제출하는 것이다.

진술분석관이 되기 위해서는 면담과 분석에 필요한 심리학적 지식과 의사소통 능력이 필요하다. 그래서 심리학 석사 이상의 학위가 필요하며, 범죄심리사 활동, 아동성폭력사건 전문가 참여제 등 관련 분야에서 다양한 사람들과 교류한 경험이 있으면 도움이 된다.

대검찰청에서는 2019년 11월 진술분석관 한 명을 공무직으로 채용했는데, 심리학·상담학·아동학·사회복지학 석사학위 이상 취득자를 응시 기본 요건으로 했다. 아동·장애인 성폭력 피해자에 대한 진술분석 및 법정 증언 경험 및 관련 분야 근무(연구) 경력과 직무 성과가 있으면 좋고, 병원·해바라기센터 등에서 일한 경험이 있는 것도 좋다.

우리나라에서는 이미 검찰에서 공식적으로 진술분석 업

무를 수행하고 있으며, 경찰 단계에서도 전문가 참여제도를 도입해 성폭력 피해 아동을 대상으로 시범 운영 중이다. 법원에서도 심리학자들이 전문심리위원으로 활동하면서 자문하고 있다. 이와 같이 법률 실무자들이 심리학자들을 찾으면서 인식이 긍정적으로 변화되고 있으며, 인지면담 및 진술분석에 대한 법정 증언이 증거로 채택됨에 따라 검찰의 의뢰가 많아지고 있다. 물증 없이 진술뿐인 사건의 경우 더 많이 활용될 것으로 예측되며, 특히 아동과 장애인처럼 취약한 피면담자의 경우 일반 수사관이 조사하거나 일반적 상식으로 진술의 신빙성을 판단하기에 어려움이 있어 이와 관련되어 전문성을 지닌 사람들이 더 많이 필요할 것이다.

범죄를 막는다는 것

4장

1 재범의 함정에
빠지지 않는 방법

사건이 없을 때 프로파일러는 조사가 끝나고 검찰로 송치되기 전 유치장에 수감되어 있는 범죄자를 만나 성장 환경에 대한 면담과 심리검사를 한다. 강력 범죄를 저지른 경우 우발적, 충동적으로 사건을 저지른 범죄자보다는 절도, 강도 등 범죄 경력이 많은 범죄자가 대부분이다. 일부 범죄자는 자신의 범죄 경력을 자랑스럽게 떠벌리기도 한다. 그렇다면 한번 범죄를 저지르면 계속해서 범죄를 저지르게 될까?

법무부에 따르면, 재범률은 출소자의 3년 이내 재복역률로 가늠한다. 2002년에 교도소를 출소한 3만 869명 중에서 24.3퍼센트가 3년 이내에 다시 범죄를 저질러 교정 시설에 수용되었다. 이와 같은 재복역률은 2008년부터 2015년까지 22퍼센트 안팎 수준을 유지하다가 2016년과 2017년에 24.8퍼센트와 24.7퍼센트로 높아졌다. 참고로 미국 캘리포니아의 재복역률은 약 64퍼센트로 매우 높다.

경찰청 조사에 따르면 강력범죄의 재범률도 해마다 늘고 있는 것으로 드러났다. 매년 검거되는 피의자 세 명 중 두 명(64.3퍼센트)이 과거에 한 차례 이상 범죄를 저지른 경력이 있는 것으로 집계되었다. 같은 범죄를 다시 저지른 경우도 다섯 명 중 한 명꼴로 나타났다. 이 같은 재범률은 1980년대 30퍼센트에 불과했으나 1997년 52퍼센트, 1998년 56.6퍼센트, 1999년

59.5퍼센트, 2000년 61.2퍼센트, 2001년 63.1퍼센트로 꾸준히 높아지는 추세다.

유형별로는 방화범의 72.5퍼센트, 강간범의 71.2퍼센트, 살인범의 70퍼센트, 강도범의 70.3퍼센트가 범죄 경력이 있는 재범자인 것으로 분석되었다. 폭력범은 67.3퍼센트, 절도범은 53.5퍼센트의 재범률을 보였다.

매년 평균 1,000명이 넘는 살인자가 사회에 복귀하고 있기 때문에 사회 복귀 후 철저한 관리가 필요하다는 지적도 있다. 경찰은 살인으로 금고 이상의 형을 받고 출소한 사람과 강도, 절도 등으로 3회 이상 금고형 이상의 실형을 받은 사람 중 재범의 위험성 등을 고려해 우범자를 선정하고, 정기적으로 이들에 대한 첩보를 수집하는 등 재범을 방지하기 위해 노력하고 있다.

낙인효과와 재범률

한국청소년상담복지개발원과 대검찰청의 범죄분석통계에 따르면 2017년 보호관찰 처분을 받고도 다시 범죄를 저지른 청소년은 총 4,163명이라고 한다. 이 중에서 처분을 받은 지 1개월 안에 다시 범죄를 저지른 청소년은 643명, 3개월 안에는

994명, 6개월 이내는 1,011명, 1년 이내는 1,016명이다. 처분을 받고 1년 이내에 범죄를 저지른 청소년이 90.4퍼센트에 달하는 것이다. 2년 이내는 395명, 3년 이내는 3명, 3년 초과는 1명이다. 범죄자라는 사회적 낙인이 이들의 재범을 가속화하는 것으로 파악되어 전문적인 개입이 필요하다는 지적이 나온다.

한국청소년상담복지개발원은 "금전적인 욕구가 강하거나 준법의식이 없고 가정에서 갈등·폭력·무관심을 경험하면 비행 행동이 지속된다"라고 했다. 그리고 연구진은 비행 이후 재비행을 지속·가속화하는 주요한 요인으로 사회적 낙인을 꼽았다.

1960년대에 등장한 낙인이론은 제도·관습·규범·법규 등 사회를 유지하기 위한 기본적인 제도적 장치들이 오히려 범죄를 유발한다는 이론이다. 특정인의 행위가 사회적 규범에서 벗어났을 경우, 구성원들이 단지 도덕적인 이유만으로 당사자를 일탈자로 낙인찍으면 결국 그 사람은 범죄자가 되고 만다는 것이다. 당사자의 행위 자체가 범죄가 되거나 반도덕적 행위가 아닌데도 사회가 그렇게 규정함으로써 범죄를 유발하게 된다는 것이다.

낙인효과는 낙인이론에서 유래한 용어로, 범죄학뿐 아니라 사회학·심리학·정치학·경제학 등에서도 쓰인다. 예를 들어 어떤 어린아이를 보고 주위에서 '바보'라고 낙인찍다 보면 이 아이는 갈수록 의기소침해지면서 자신이 진짜 바보인 줄 의심하게 되어 결국은 진짜 바보가 될 수도 있다.

필자가 면담한 강력범죄 범죄자 역시 대부분 그랬다. 가정불화로 가출을 한 청소년이 배가 고파서 빵을 훔치고, 돈을 벌기 위해 또는 재미로 오토바이를 훔치는 등 친구들과 범죄를 저지른 후 소년원에 다녀오면 전과자라는 낙인이 찍히게 된다. 그 청소년은 성인이 되어서도 전과자라 직업을 갖지 못하고 또다시 범행을 하고 교도소에 다녀오게 된다. 교도소를 나와서도 결국 생계를 위해서 절도를 하러 남의 집에 들어갔다가 사람을 만나면 강도를 하게 되고, 강도를 하다가 저항하는 피해자를 살해해 강도살인으로 발전하는 경우도 많다.

응보적 정의에서 회복적 정의로

양팔에 저울과 칼을 든 정의의 여신은 어느 편도 들지 않고 공정을 기하겠다는 의미로 두 눈을 가리고 있다. 이 정의의 여신은 응보적 정의를 지향한다. 응보적 정의에 따르면 피해자의 피해만큼 가해자에게 고통을 부여한다. 그런데 여기서 생각해볼 문제가 있다. 가해자에게 고통을 주면 피해자의 고

통은 사라지게 될까? 이에 따라 최근에 회복적 정의에 대한 관심이 높아지고 있다.

응보적 정의(retributive justice)는 처벌이 범죄에 따른 대가라는 상식적인 개념에서 출발하지만 분명히 한계가 있다. 가해자 처벌에만 초점을 두기 때문에 피해자는 소외되고, 법과 원칙만을 따지기 때문에 정작 피해자의 요구에는 무관심하다. 제3자가 주도하는 수사와 재판 방식 탓에 시간이 오래 걸리고 비용도 많이 발생하며, 구성원의 단절과 불신을 초래해 궁극적으로 공동체를 파괴할 수도 있다.

회복적 정의(restorative justice)는 응보적 정의의 한계를 극복 또는 보완하고자 등장했다. 회복적 정의란 '피해자와 가해자 또는 지역사회 구성원들이 갈등, 분쟁 해결 과정에 자발적이고 능동적으로 참여해 피해자 또는 지역사회의 피해를 회복하고, 당사자의 관계 회복 및 지역사회의 평온을 추구하는 이념 혹은 실천방식'이다. 여기서 '회복'이란 범죄로 생긴 피해와 손상된 관계를 최대한 원래의 상태로 되돌리는 것을 의미한다. 즉 응보적 정의는 잘못에 상응하는 처벌을 통해 가해자를 바로잡는 것이고, 회복적 정의는 가해자의 자발적 책임 이행을 통해 피해자의 피해를 회복하는 것이다. 그래서 응보적 정의에서는 '누가 잘못했는가?' '어떤 잘못을 했는가?' '어떻게 처벌할 것인가'가 중요하다면, 회복적 정의에서는 '누가 피해를 입었는가?' '어떤 피해가 발생했는가?' '피해 회복을 위해 필요한 것은 무엇인가?'가 중요하다.

1974년 캐나다의 작은 마을 엘마이라에서 청소년 두 명이 밤에 술을 마신 후 동네를 돌아다니면서 주차된 차량의 타이어를 칼로 찢고 돌로 창문을 깨는 등 난동을 부린 사건이 발생했다. 마을에서 스물두 가구가 피해를 당한 사건으로, 결국 두 청소년은 경찰에 체포되어 보호관찰관과 면담을 했다. 보호관찰관은 소견서에 두 소년이 직접 마을에 가서 피해를 입은 가족들을 만나는 것이 더 교육적일 수 있다는 의견을 냈고, 판사는 그 의견을 수용해 소년들에게 피해자를 직접 만나고 오라는 판결을 내렸다.

소년들은 피해 가정을 돌면서 자기들 때문에 같은 마을 주민들이 어떤 피해를 입었는지 직접 듣고 나서야 자신들의 장난이 어떤 결과를 가져왔는지 알게 되었다. 소년들은 피해자들에게 진심 어린 사과를 하고, 잔디를 깎거나 금전적으로 배상하는 등 자신의 행동에 책임을 졌다. 처음에는 소년들을 동네에서 쫓아내라고 했던 피해자들 역시 소년들을 직접 만나고 나서는 사과를 받아들이고 심리적 안정감을 되찾았다. 캐나다 엘마이라 사건을 계기로 이후 많은 나라에서 '가해자-피해자 화해 프로그램', '가족 회합(Family Group Conference)' 등을 제도화했다.

1990년 하워드 제어(Howard Zehr) 교수가 《회복적 정의란 무엇인가(Changing Lenses)》라는 책을 출간하면서 회복적 정의의 개념과 의미, 철학적 토대가 정립되었다. 영국 헐 지구 경찰서장인 제임스 그랜스필드(James Glansfield)는 "경찰의 회복적 접근은 소년 범죄 재범률을 50퍼센트 가까이 경감시켜왔다. 회복적 정의는 결코 약한 처벌을 의미하는 것이 아니라, 범죄 초기에서부터 직접적이고 실질적인 책임을 지게 하는 접근이다"라고 말했다.

범죄 예방 제도의
사례

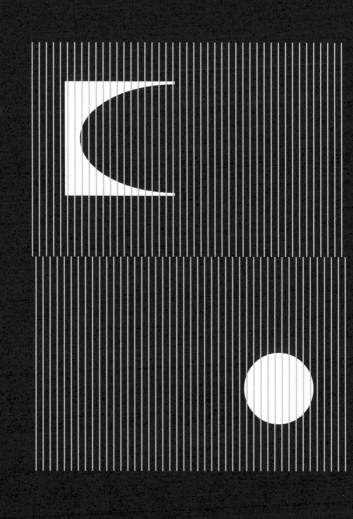

1994년 뉴욕 시장으로 선출된 루돌프 줄리아니(Rudolph Giuliani)가 지하철의 낙서를 지우고 나서 3년 후 범죄율이 80퍼센트까지 감소했다. 이러한 결과에 '깨진유리창이론(broken-window theory)'이 기여했음이 알려지면서 범죄학자들은 물론 일반인들도 많은 관심을 갖게 되었다. 깨진유리창이론은 깨진 유리창을 방치할 경우 이 지점을 중심으로 더 심각한 범죄들이 이어진다는 이론이다. 사소한 무질서를 방치했을 때 문제가 더 커지는 현상을 설명한다. 주위 환경이 인간의 행동에 영향을 미친다는 주장의 근거로 인용되는 대표적인 이론 중 하나다.

깨진 유리창 실험

이 이론은 미국의 범죄학자 제임스 윌슨(James Wilson)과 조지 켈링(George Kelling)의 〈깨진 유리창(Broken Windows)〉이라는 논문에서 출발했다. 그들은 논문을 통해 지역사회의 방치된 깨진 유리를 고침으로써 질서를 회복하고 범죄를 줄일 수 있다고 주장했다. 깨진유리창이론은 '스탠퍼드 감옥 실험'으로 유명한 스탠퍼드대학교의 심리학자 필립 조지 짐바르도(Philip George Zimbardo)에 의해서 확인된 인간의 행동 특성을 기초로 했다. 짐바르도는 1969년 치안이 허술한 두 장소(뉴욕의 브롱크스, 캘리포니아의 팔로알토)에 같은 종류의 고급 차량을 한 대씩 갖다 놓았다. 두 대 모두 차량의 엔진 덮개를 열어두었지만 한 대는 유리창이 깨져 있는 등 상당 부분 파손된 상태로 방치했다. 일주일이 지난 후 두 대의 차량은 전혀 다른 모습으로 발견되었다. 유리창이 멀쩡한 차량은 별다른 훼손 없이 그대로 있었지만 파손된 채 방치된 차량은 지니가던 사람들이 26시간 만에 부품을 훔쳐간 것은 물론 완전히 파손되어 있었다.

네덜란드의 한 연구팀은 실제 실험을 통해서도 깨진유리창이론의 효과를 입증하기도 했다. 여섯 가지 일상적인 상황을 두고 주변 환경이 깨끗한 경우와 지저분한 경우 어떤 차이가 있는지를 확인했다. 그 결과 모든 상황에서 주변이 깨끗한 경우보다 지저분한 경우에 더 많은 사람이 유사한 패턴으로 비도덕적인 행동을 하는 것이 확인되었다. 그중 한 가지 상황에서는 쓰레기통이 설치되지 않은 좁은 골목길에 주차된 자전거의 손잡이에 광고 전단을 붙여놓았다(이 경우 사람들은 자전거를 타기 위해 전단지를 떼어낼 수밖에 없다). 깨끗한 골목길에서는 33퍼센트의 사람만이 전단을 바닥에 버렸지만, 지저분한 골목길에서는 69퍼센트의 사람들이 전단을 곧장 바닥에 버렸다. 특정 지역이 '도시에 대한 관리 부재', '지저분한 장소와 거리', '열악한 기반시설' 등의 조건을 갖추고 있는 경우에 지역 주민들은 법을 따르지 않거나 범죄를 저지르게 된다. 범죄환경위험도 지수를 개발하는 데도 이러한 물리적 무질서를 예측 요인으로 반영할 필요가 있다.

환경과 범죄의 관계

범죄예방환경설계(crime prevention through environmental design, CPTED)는 범죄를 예방할 수 있는 환경을 설계하는 연구 분야다. CPTED 이론은 상황적 범죄예방활동(situational crime prevention)과 연계되어 발전했는데, 이 이론은 1970년대 초 오스카 뉴먼(Oscar Newman)이 처음으로 사용한 방어공간(defensible space)이라는 개념에서부터 시작되었다. 뉴먼의 방어공간 개념은 건축 형태를 이용해 범죄를 예방하는 뛰어난 시도로 평가받고 있다.

건축가인 뉴먼은 공영주택의 설계에 다음과 같은 문제점이 있다고 지적했다. 거주자는 공공 영역의 책임을 지지 않고, 주택은 침입자를 차단하는 정상적인 기능을 하지 못한다는 것이다. 즉 그는 거주자와 침입자를 구별할 수 없는 대규모 건물을 비판한 것인데, 공영주택 프로젝트가 진행되는 지역의 범죄에 대한 통계적 분석으로 이를 증명했다. 그는 건물을 설계할 때 출입자에 대한 익명성은 줄이고 거주자가 직접 감시하는 방법을 늘려야 한다고 주장했다. 그리고 범죄자의 도주로를 감소시킴으로써 방어 공간을 창출하는 설계도 제안했다. 그가 제시한 범죄를 억제하는 네 가지 방어적 공간 요소는 자연적 감시(자기 영역을 감시할 수 있는 주민의 능력), 영역성(자기 소유라는 관념), 이미지(건물에 관련된 낙인 여부), 입지 조건(주변, 공원, 인접한 다른 환경의 특징)이다.

CPTED에서 제시하고 있는 범죄 환경의 위험도 측정은 결국 범죄의 기회 구조인 상황적 범죄예방활동과 관련 있다. 1980년대 초 영국의 로널드 클락(Ronald Clarke)이 처음 주창한 상황적 범죄예방활동의 접근은 사회나 제도 개선에 의존하는 것이 아니라 범죄 기회의 감소에 의존하는 예방적 접근이다. 범죄 원인론에 몰두했던 실증주의 범죄학과 달리 상황적 범죄 예방의 접근들은 일차적으로 범죄 행위가 나타날 것으로 예상되는 환경이나 상황 특징들에 초점을 맞춘다. 즉 특정한 범죄에 초점을 맞춰 가능한 한 체계적이고 항구적인 방법으로 환경을 관리, 설계, 조정함으로써 범죄 행동에 따르는 노력과 위험은 증대시키고 보상은 낮추고자 하는 전략들을 중시한다. 클락(1995)에 따르면 범죄에는 이를 유발하는 거시적·미시적 기회 요인들이 있는데, 이러한 환경적 요인들의 효과를 차단·억제하는 것이 CPTED의 목적이다.

우리나라에서도 현재 CPTED 연구가 활발하게 진행되고 있으며, 외국의 연구를 받아들이는 데 그치지 않고 한국의 현실에 맞게 수용해 실제 효과를 검증하는 연구들도 다수 있다. 일련의 연구들에서 연구자들은 CPTED 이론을 기초로 범죄 환경 평가 도구를 개발해 범죄 환경을 진단하고 지역 및 공간 특성에 맞는 적절한 범죄 예방 정책 대안을 제시했다.

실제 동대문경찰서의 벽화 그리기는 CPTED의 성공적 사례로 선정되었다. 동대문경찰서는 지역 주민들의 설문조사와 간담회를 거쳐 청소년 흡연 등으로 주민 불만과 불안이 높은 학교 주변 골목길 벽에 벽화를 그려 비행 청소년 선도와 학교 폭력 예방에 CPTED를 적용해 최우수 관서로 선정되기도 했다.

CPTED 연구에서는 연구의 타당성을 확보하기 위해 물리적 환경뿐 아니라 다양한 지역 특성들을 활용하고 있다. CPTED 연구는 범죄를 일으키거나 억제하는 것에 대한 변인들을 찾아내는 데 중요한 단서가 될 수 있다. CPTED 연구에서는 특정 지역의 범죄 위험성을 측정하기 위해 거시적인 인구학적 특성이나 상황적 특성은 물론 건물이나 공원, 거리 등 좁은 범위의 미시적 변인도 모두 다룬다.

CPTED 연구에서는 인구 및 상황적 특성 이외에도 물리적인 주거 환경과 같은 특성을 위험성 평가 기준으로 사용하고 있는데 감시성, 접근 통제, 영역성, 행위 지원, 유지관리 등의 영역으로 구분된다. 이러한 변인들의 효과는 국내외의 실험적인 연구들로 확인되고 있어 지역 단위의 범죄 예측에 활용할 경우 범죄 예측의 정확성 또한 높일 수 있다.

이상에서 확인한 것처럼 CPTED의 기준들은 범죄 환경을 평가하고 범죄 발생을 예측하는 데 중요한 기준들을 제시해준다. 기존의 범죄 예측 요인 관련 연구들보다 물리적인 환경에 대한 미시적인 평가 항목을 많이 포함하고 있다는 특징이 있다. 미시적 요인들은 거시적인 요인들보다 잠재적 범죄자에게 직접적인 기회 요인으로 작용할 가능성이 크기 때문에 범죄 예측 요인으로서의 의미가 있다.

또한 CPTED에서 사용되는 척도를 사용할 경우 개별 건물, 가로, 공원 등에 대한 평가가 이루어지기 때문에 더 작은 범위의 단위 구역에 대해서도 구체적인 데이터를 얻을 수 있다는 장점이 있다. 단위 구역 전체의 예측 요인 값으로 사용할 경우에는 개별 자료로부터 통계적인 수치(평균, 분산 등)를 도출해 이를 단위 지역의 대푯값으로 활용할 수 있을 것이다.

3 프로파일링이
범죄 예방에 도움이 될까?

2017년 7월 4일 고성군에서 40대 이혼남이 인질극을 벌였다. 그는 전날 아침 전처와 심하게 말싸움한 뒤 어머니에게 "나 혼자 가려고 했는데 아이도 데려간다"라고 하면서 자살 암시 문자를 남기고 집을 나섰다. 그는 유해조수포획단 소속으로 합법적인 총기 소지자였다. 초등학생 아들을 태우고 인근 야산으로 이동하던 중 경찰의 검문검색에 걸린 그는 "전처를 데려오지 않으면 아들과 함께 죽겠다"라며 다섯 시간여 동안 아들에게 엽총을 겨눈 채 인질극을 벌였다.

경찰은 협상 전문가를 동원해 그를 설득했다. 협상 전문가는 신속하게 서울에 사는 전처를 불러왔다. 전처가 도착할 때까지 그는 어머니, 친구 등과 대화를 이어갔다. 전 부인은 사건 발생 23시간 만에 현장에 도착했다. 이혼한 아내의 모습을 본 그는 얼마 지나지 않아 아들을 풀어줬다.

위기 협상으로 비극을 막다

최근 '사이코패스' '묻지마 범죄' '연쇄살인'처럼 동기가 불분명한 범죄가 늘어나면서, 경찰은 '사건' 해결만큼이나 '범죄자'에 대한 이해도 중요하게 생각하고 있다. 범죄자에게는 일반인과는 다른 독특한 병적 심리가 있다. 겉으로 드러나지 않지만 언제든 살인마로 변할 수 있는 병적 심리를 지닌 악마들이 우리 속에 숨어 있으며, 프로파일러들의 임무는 마치 양의 무리에서 늑대를 골라내듯 이런 살인마를 골라내는 것이라고도 할 수 있다. 그리고 사이코패스 성향을 가진 범죄자가 범죄를 저지르지 않게 조기에 검거해 연쇄살인 사건을 사전에 막을 수도 있다.

그뿐 아니라 프로파일러는 심리 전문가로, 시민들의 다양한 위기 상황에 개입해 극단적 선택을 하려는 사람을 도와주거나 인질범에게서 인질을 안전하게 구출하는 역할도 할 수 있다. 이렇게 위기 상황에 개입해 극단적 선택을 하려는 사람을 도와주거나 인질범에게서 인질을 안전하게 구출하는 일을 하는 경찰들을 '위기협상요원'이라고 한다. 이들은 위기자(자살 기도자, 정신질환자, 인질범 등)들이 자신 또는 타인의 생명, 신체, 재산에 급박한 침해를 발생시킬 때 긴급히 경찰권을 발동해 일단 무력을 사용하지 않고 대화를 통해 평화적으로 문제를 해결하는 경찰관이다. 위기상황이 발생하면 제일 먼저 경찰 협상가가 출동해 비인질 상황(자살 기도 등)과 인질 상황을 구분해 협상으로 상황을 해결하려 한다. 이들은 위기자의 말을 경청하며 신뢰 관계를 형성해 협상을 주도하고, 인질을 구출하고 협상 채널을 구축하는 업무를 한다.

사전에서는 협상을 "토의, 토론, 타협 등의 방법으로 어떠한 문제나 사안을 조정하거나 해결하는 것"이라고 정의하고 있다. 즉 협상이란 다수 당사자가 모두 만족할 수 있는 결과를 도출하기 위해 토의, 토론 등의 수단을 이용해 타협하는 문제 해결 과정이라고 할 수 있다. 그래서 위기 협상이란 사람의 생명·신체·재산 등이 타인에 의해 침해를 받게 될 명백하고 긴박한 위험에 처해 있거나 혹은 현재 침해를 받고 있어 경찰권의 신속한 발동과 개입이 필요한 위기 상황에서 경찰 등 법집행 기관과 침해 주체 혹은 사건 관련자 사이에서 이루어지는 대화를 통한 문제 해결 과정이라 할 수 있다.

위기 상황은 인질 유무에 따라 인질 상황과 비인질 상황으로 나뉘고, 위기 협상도 이에 따라 인질 협상과 비인질 협상으로 나뉜다. 우리나라에서는 아직도 경찰 활동에서 협상이라는 개념이 생소하기 때문에 협상이라고 하면 인질 협상만을 의미하는 것으로 생각하기 쉽다. 하지만 미국의 경우 경찰 협상가가 출동하는 상황의 80퍼센트 정도가 자살과 같은 비인질 상황이고, 인질 상황의 경우에도 범인이 자살을 시도하는 자살 상황으로 발전하는 경우가 많다. 따라서 단순히 '인질 협상'이라고 하면 협상의 가장 큰 부분을 포함하지 못하는 우를 범하게 된다. 따라서 자살 시도처럼 인질을 동반하지 않는 모든 상황에서의 협상을 총체적으로 지칭하기 위해 인질 협상 대신 '위기 협상'이라는 단어를 사용하는 것이다.

어느 사건, 상황이나 마찬가지겠지만 위기 상황에 경찰이 개입하는 것은 사건 해결을 목적으로 한다. 그런데 전통적으로 경찰의 상황 개입은 주로 무력에 의한 개입 내지는 진압을 의미하는 경우가 많았다. 아직도 우리나라에서는 인질강도 상황이 발생하면 일단 무력으로 제압하려 하고, 이것이 여의치 않을 경우에는 다시 특공대를 투입해 더욱 강력한 무력 진압을 하려고 한다. 그러나 무력 진압은 애석하게도 범인이나 피해자가 다치지 않고 끝나는 경우가 많지 않다. 텔레비전 뉴스에 가끔 보도되는 인질 사건을 보면, 특공대의 진압이 완벽하게 되지 않아 인질이 다치는 경우가 있다. 특공대 진압은 우리나라뿐 아니라 선진국에서도 실패할 확률이 매우 높기 때문에 미국에서조차도 특공대 진압보다는 협상에 의한 상황 해결을 무조건 먼저 시도하도록 되어 있다.

강렬한 감정을 다스리는 일

위기 협상의 궁극적 목적은 단순히 사건을 해결하는 것이 아니라 '평화적으로 해결하는 것'이다. 실제로 미국의 경우 협상가가 투입되면 사건이 유혈 진압으로 이어지지 않고 평화적으로 끝나는 경우가 많으므로 경찰은 되도록 협상에 의한 평화적 해결을 지향한다. 그리고 이러한 노력이 좋은 결과를 낳고 있기 때문에 많은 경찰관이 협상 교육을 받고자 한다.

인간의 의사소통은 크게 사실(fact)과 감정(emotion)의 두 가지를 중심으로 이루어진다. 일반적으로 사람들은 감정보다는 사실을 중심으로 대화를 이끌어간다. 이러한 경향은 여자보다 남자들에게서 더 강하게 나타난다. 여자들은 대화할 때 사실관계에도 신경을 쓰지만, 상대방의 감정에 많은 관심을 보인다. 하지만 남자들의 대화에서는 이런 대화 방식을 자주 찾아보기 어렵다. 그런데 '사실'을 달걀의 노른자라고 하면 '감정'은 흰자라고 볼 수 있다. 감정의 문제를 먼저 다루지 않고 사실에 접근하는 것은 흰자는 건드리지 않고 노른자만 먹으려고 하는 것과 같다.

협상 대상자는 대개 강렬한 감정에 휩싸여 있기 때문에 성급하게 사실관계를 파악해 해결책을 찾기보다는 감정의 문제를 해결해주는 것이 선행되어야 한다. 감정 상태는 행동 결정에 중대한 영향을 미치기 때문에 감정 상태를 어떻게 해결하는가가 나중에 대상자의 행동 통제 여부를 결정하는 데 중요한 역할을 한다. 따라서 협상가는 사실과 다른 부분에 내재한 대상자의 감정에 귀 기울이도록 노력해야 한다. 그런데 애석하게도 대부분의 경찰관은 남성이고 협상가도 남성이다 보니 평상시 상대방의 감정에 귀 기울이는 것에 익숙하지 않다. 따라서 협상가들은 의도적인 반복 훈련을 통해 상대방의 감정에 관심을 가지는 기법을 익혀야 한다.

벼랑 끝의 희망 위기협상요원

미국은 1972년 뮌헨올림픽 테러 유혈 진압을 계기로 FBI와 지역 경찰에 전문 훈련을 받은 협상 요원을 배치해 각종 치안 사건에서도 협상을 활용해왔다. 덕분에 협상 사건의 95퍼센트를 인적 피해 없이 마무리하는 성과를 거두고 있다.

우리나라도 1982년 1월 대통령이 '국가 대테러 활동지침'을 내리면서 테러대응팀이 출범했다. 원래 설립 목적은 88서울올림픽에서 발생할 수 있는 테러에 대응하는 것이었다. 이후 경찰청은 직속 조직으로 전문 협상팀을 운영하다가 2014년 이후로 전국 단위 지방경찰청에 위기협상팀을 비상설 조직으로 구성했다. 사람의 목숨이 오가는 인질극·자살 기도 등의 상황에는 전문 교육을 받은 위기협상요원이 필요하다는 의견이 많았기 때문이다. 그동안은 베테랑 형사가 출동해 현장에서 대응해왔는데 인질이나 경찰이 다치는 등 인명 피해가 끊임없이 발생했다.

경찰 내 협상전문요원은 자살 시도뿐 아니라 인질 강도, 가정 폭력 등 다양한 위기 상황을 대화로 해결한다. 미국에선 1973년 앞서 도입되었지만, 우리나라에서는 40년 뒤인 2013년에야 경찰청 내 위기관리센터라는 독립 기관이 만들어졌고, 이때부터 경찰수사연수원에서 협상전문요원을 양성하고 있다. 그전에는 민간 협상가들의 도움을 받았지만, 제한적이고 전문적이지는 않았다.

위기협상요원이 되려면 위기자에 대해 무력 진압보다는 대화로 라포(rapport, 사람과 사람 사이에 생기는 상호 신뢰 관계를 말하는 심리학 용어)를 형성해 평화적으로 문제를 해결하는 능력이 필요하다. 그래서 상대방에 대한 공감 능력이 가장 중요하다. 이를 위해 긴박한 상황에 처한 사람의 심리적 문제를 다루는 기법과 위기 협상에 대한 심리적 고찰 및 협상 현장에서 일어나는 일에 대처하는 다양한 기법을 익혀야 한다.

협상팀은 경찰공무원 중 협상 업무에 관심이 있는 지원자로 꾸려진다. 서울청은 열 명, 나머지 지방경찰청은 여덟 명이고, 전국에 교육받은 250여 명의 요원이 있다. 부서에 제한을 두지 않고 구성하는데, 평소 협상팀은 각자 소속한 부서의 업무를 보다가 위기 상황 신고를 받고 현장에 가장 먼저 도착한 출동 경찰의 요청이 있을 때 협상팀이 나선다.

위기협상요원 교육은 경찰대학과 수사연수원에서 이루

어진다. 경찰 수사연수원의 경우 총 30명을 선발해 연간 2회에 거쳐 2주(70시간) 동안 교육한다. 열일곱 과목을 배우는데, 이론적 소양(경찰행정법원리·헌법적 가치와 인권)이 첫 번째 단계다. 그다음 위기 협상의 전술적 대화 기술, 인질·비인질 사례 분석, 역할극 등의 실무를 익힌다. 위기협상요원 후보생은 위기 협상의 전문성을 확보하기 위해 다양한 인간 행동의 심리적 상태를 이해하고, 협상의 전문적인 기법을 배우고 사용하는 능력을 갖춘다. 경찰대학 위기협상 전문교육도 있다. 2주 과정으로 인질 상황과 비인질 상황시 대화와 협상을 통한 접근 방법, 위기자의 동기와 성격에 대한 이해를 통한 적극적 청취법을 습득한다.

사회·경제적으로 무망한 상태에 빠진 위기자들이 극단적인 선택을 하는 것이 언론에 연일 보도되고 있다. 또한 날이 갈수록 데이트 폭력, 납치, 감금 등의 범죄 발생률이 높아짐에 따라 이런 일련의 사건들이 언제 인질 사건으로 변질될지 모른다. 따라서 경찰은 위기협상 전문가를 더 많이 채용하거나 교육하고 있다.

안전한 사회를 만든다는 것

2020년 12월 13일 조두순이 출소한다. 조두순은 강간상해죄로 기소되어 징역 12년을 선고받았다. 당시 조두순은 권고형량(징역 11년)보다 무거운 징역 12년을 선고받았으나, 국민은 범행의 잔혹함과 피해자가 평생 짊어지고 살아가야 할 장애를 생각하면 처벌이 너무 가볍다며 분노했다. 당시 판사는 주취 감경은 구시대의 나쁜 유산이며 주취 감경이 사라져야 한다고 주장했다. 조두순 사건 이후 대법원 양형위원회는 주취 감경을 양형 감경 요소에서 제외했고, 심신미약이 인정되더라도 성범죄에서는 감형하지 않도록 했다.

2020년 7월 6일, 우리나라 법원은 '웰컴투비디오'라는 세계 최대 아동 성착취 사이트를 운영한 국제 성범죄자 손정우의 미국 송환을 불허하고 석방했다. 영상을 직접 제작한 영국인은 징역 22년형을 받았고, 미국에서도 관련 범죄자가 징역 5~20년형을 받았다. 우리나라 법원은 주범인 손정우에게 1년 6개월을 선고했다. 'n번방' 같은 디지털 성범죄 사건도 마찬가지다. 법원은 '디지털 성범죄'에 대해 피해자의 나이와 무관하게 〈성폭력처벌법〉 제14조의 '카메라 등 이용 촬영' 혐의를 적용했다. 이 경우 최대 징역 5년, 벌금 3,000만 원 이하의 처벌에 그친다. 그나마 n번방 사건을 계기로 '아동·청소년 이용 성착취물 범죄 처벌 상향', '미성년자 의제강간 연령 기준 13세에서 16세로 상향' 등 범죄 처벌에 대한 비판적인 여론에 적합하게 제도가 개선되었다.

필자는 신임 시절 의붓아들을 발로 차서 살해한 계모를 면담하다 냉정함을 잃고 화를 냈던 적이 있다. 당시 나의 큰 아이와 같은 나이의 피해자는 계모의 폭행으로 사망했다. 마치 내 아이의 일처럼 감정이 이입된 탓에 필자는 그날 후배가 거칠게 말릴 정도로 분노했다. 10년도 더 지난 이야기지만, 아직도 우리 사회에서는 같은 사건이 반복되고 있다. 피해자는 그저 운이 없는 사람이 되고, 시간이 지나면 기억에서 잊히고 만다.

왜 이런 사건이 반복될까? 프로파일러로서 범죄자를 잡을 때마다 늘 던지는 질문이다. 범죄는 끊이지 않고, 아픔을 느끼는 피해자는 늘 생겨난다. 누군가 그 피해자의 아픔을 공감하고, 다시는 똑같은 사건이 일어나지 않도록 해야 한다.

현장에 가면 피해자의 참혹한 죽음과 마주해야 한다. 연쇄살인 사건을 수사할 때는 밤새 악몽을 꾸기도 한다. 마음속으로 몇 번이나 포기했는지 모른다. 사건이 해결되지 않고 난관에 부딪힐 때면 늘 피해자의 아픔을 생각했다. 그럴 때마다 프로파일러로서 피해자가 되었다고 생각하며 피해자가 걸었던 새벽 유흥가를 헤맨다. 힘들게 모은 단서와 분석 결과를 건네주던 형사, 사건의 단서를 찾아냈을 때의 성취감, 범인을 잡아주어 고맙다며 울먹이던 피해자의 모습을 떠올리며 버틸 수 있었다.

책을 집필하면서 범죄를 해결하고 예방하는 데는 경찰관뿐 아니라 가정과 학교 등 많은 사회 구성원의 도움이 필요함을 다시금 깨달았다. 가정과 학교에서 아이를 올바르게 키우기 위해 노력하는 모든 부모님과 선생님, 각자의 역할에 책임을 다하는 우리 시대의 많은 영웅이 있기에 우리 사회는 조금씩 발전해나가고 있다. 우리 시대의 모든 영웅과 함께 안전하고 좋은 나라를 만들어 자라나는 아이들에게 물려주고 싶다.

도서

- 고제원 지음,《최면과 최면수사》, 학지사, 2003.

- 고준채 지음,《정의롭다면 프로파일러》, 토크쇼, 2016.

- 공정식 지음,《살아 있는 범죄학》, 교육과학사, 2013.

- 공정식·고준채 외 지음,《심층분석 범죄심리학》, 한국심리과학센터, 2016.

- 김두종 지음,《한국 의학사》, 탐구당, 1981.

- 김상인 편저,《방어기제와 정신건강》, 한국전인교육개발원, 2009.

- 김종률 지음,《진술분석: 실제 사례를 통한 숨겨진 진실과 정의 찾기》, 학지사, 2010.

- 노안영·강영신 지음,《성격심리학》, 학지사, 2003.

- 로버트 D. 헤어 지음, 조은경·황정하 옮김,《진단명 사이코패스》, 바다출판사, 2005.

- 로버트 K. 레슬러 지음, 손명희 옮김,《살인자들과의 인터뷰》, 바다출판사, 2004.

- 리처드 A. 레오 지음, 조용환 옮김,《허위 자백과 오판》, 후마니타스, 2014.

- 리처드 와이즈먼 지음, 박세연 옮김,《지금 바로 써먹는 심리학: 실험실을 나온 괴짜 교수의 기발한 심리학 뒤집기》, 웅진지식하우스, 2019.

- 마이클 레빈 지음, 김민주·이영숙 옮김,《깨진 유리창 법칙: 사소하지만 치명적인 비즈니스의 허점》, 흐름출판, 2006.

- 미국정신의학회 엮음, 이근후 옮김,《정신장애의 진단 및 통계 편람 제4판》, 하나의학사, 1995.

• 브라이언 L. 커틀러 지음, 김민지·최관·박광배 옮김, 《유죄 오판: 심리학의 교훈》, 학지사, 2018.

• 브라이언 이니스 지음, 이경식 옮김, 《프로파일링》, 휴먼엔북스, 2005.

• 샤를 페로 지음, 김설아 옮김, 《샤를 페로 고전 동화집》, 단한권의책, 2013.

• 아서 코난 도일 지음, 백영미 옮김, 《셜록 홈즈 전집 1~9》, 황금가지, 2002.

• 애거서 크리스티 지음, 신영희 옮김, 《오리엔트 특급 살인》, 황금가지, 2013.

• 앤서니 기든스, 필립 W. 서튼 지음, 김봉석 옮김, 《사회학의 핵심 개념들》, 동녘, 2018.

• 올리버 웬들 홈스 2세 지음, 박상수·다니엘 김 옮김, 《보통법》, 한국문화사, 2019.

• 와타나베 쇼이치 외 지음, 박병식 옮김, 《심리하이 잡은 범인》, 오픈하우스, 2009.

• 이경훈 외 지음, 《범죄를 예방하는 환경설계》, 커뮤니케이션북스, 2017.

• 이수정 지음, 《최신 범죄심리학》, 학지사, 2018.

• 이수정, 김경옥 지음, 《사이코패스는 일상의 그늘에 숨어 지낸다》, 중앙m&b, 2016.

• 존 더글러스·마크 올셰이커 지음, 이종인 옮김, 《마인드헌터》, 비채, 2006.

• 최대호·이주현·이상경 지음, 《한국의 프로파일링》, 궁리, 2018.

• 카를로 콜로디 지음, 천은실 그림, 김양미 옮김, 《피노키오》, 인디고(글담), 2009.

• 캘빈 S. 홀 지음, 안귀여루 옮김, 《프로이트 심리학 입문》, 범우사, 1996.

• 케이스 데블린·게리 로든 지음, 정경훈 옮김, 《넘버스: 수학으로 범죄 해결하기》, 바다출판사, 2017.

• 콜린 윌슨 지음, 전소영 옮김, 《인류의 범죄사》, 알마, 2015.

• 토머스 해리스 지음, 이윤기 옮김, 《양들의 침묵》, 창해, 2006.

• 폴 에크먼 지음, 함규정 옮김, 《언마스크, 얼굴 표정 읽는 기술》, 청림출판, 2014.

• 표창원·유제설 지음, 《한국의 CSI》, 북라이프, 2011.

• 하워드 제어 지음, 손진 옮김, 《우리 시대의 회복적 정의: 범죄와 정의에 대한 새로운 접근》, 대장간, 2019.

• 홍성열 지음, 《범죄자 프로파일링》, 학지사, 2011.

• 황세웅, 이주락 지음, 《위기 협상론》, 영진닷컴, 2009.

• APA 지음, 권준수·김재진·남궁기·박원명 외 8명 옮김, 《DSM-V 정신질환의

진단 및 통계 편람 제5판》, 학지사, 2015.

- Brent E. Turvey, *Criminal Profiling: An Introduction to Behavioral Evidence Analysis*, Academic Press(4 edition), 2010.

- Canter, David, *Criminal Shadows*. London: HarperCollins, 1994

- Francis Galton, *Finger Prints*, 1892.

- Friedrich Wilhelm Nietzsche, *Jenseits von Gut und Bose*, 1886.

- Hermann Ebbinghaus, *Abriss der Psychologie*, 1872.

- Holmes, Ronald M., *Profiling Violent Crimes*. Sage Publications, 1989

- John, Godwin, Murder *USA: TheWays We Kill Each Other*, Ballantine Books, 1978.

- Juan Vucetich, *Dactiloscopía Comparada*, 1904.

- Paul Ekman, Wallace V. Friesen, *Unmasking the Face: A Guide to Recognizing Emotions from Facial Expressions*, Malor Books, 2015.

- Rossmo, Kim, *Geographic Profiling*, CRCPress, Boca Raton, 2000.

- Turvey, Brent, *Criminal Profiling*, San Diego: Academic Press, 1999.

논문

- 고준채, 〈연쇄살인에 대한 범죄심리학적 사례연구〉, 2009.

- 김상준, 〈무죄판결과 법관의 사실인정에 관한 연구〉, 2013.

- 김지영·김시업, 〈목격자 진술의 정확성 제고방안〉, 《국형사정책연구원 연구보고서》, 2006.

- 이상훈·임준태, 〈과학수사요원 선발 및 운용에 관한 연구〉, 《한국경찰학회보》, 2017.

- 이수정, 〈묻지마 범죄자 심층면접을 통한 실증적 원인 분석 및 대응방안 연구〉, 대검찰청, 2013.

- 이수정, 〈아동 대상 성범죄 무엇이 문제인가?〉, 《아동·청소년 성폭력관련 2008 한·미 국제심포지움》, 전국성폭력상담소 피해자보호시설협의회.

- 임준태, 〈지리학적 프로파일링을 통한 연쇄 살인 사건 분석〉, 《한국공안행정학 회보》(19), 2005.

- 최성재, 〈경찰 위기협상팀 도입에 관한 연구〉, 《경찰학연구》(제9권, 제2호), 경 찰대학, 2009.

- 최수형, 〈청소년의 반복적 비행과 비공식적 낙인과의 관계: 남녀 차이를 중심으 로〉, 《사회연구》(통권16호, 2008년 2호), 145~165쪽.

- Wells, G. L., Lindsay, R. C., & Ferguson, T. J.(1979). "Accuracy, confidence, and juror perceptions in eyewitness identification". *Journal of Applied Psychology*, 64(4), pp. 440‒448.

언론 기사 및 발표 자료

- 〈4.23 디지털 성범죄 근절 대책〉(국무조정실 국무총리비서실 보도자료 20.4.23)

- 〈경향신문〉, '함무라비 법전과 우르남무 법전', 2016.12.1.

- 〈국민일보〉, '성범죄자가 판결에 웃는 나라', 2020.07.17.

- 〈뉴시스〉, '고유정, 의붓아들 살해혐의는 결국 2심도 무죄', 2020.7.15.

- 〈뉴시스〉, ''면접비 안준다고…' 면접관 성추행범으로 몬 취업생 벌금형', 2017.02.01.

- 〈메디칼트리뷴〉, '눈동자 방향과 거짓말 연관성 없어', 2012.7.13.

- 〈연합뉴스〉, '궁지에 몰린 고유정…전남편에 이어 의붓아들 살해혐의 배경은 (검찰의 공소사실로 본 사건의 배경과 과정)' 2019.11.07.

- 〈조선일보〉, '조두순 선고당시 판사 인터뷰', 2018.11.27.

- 〈중앙일보,〉'의붓아들도 살해방법 똑같다…고유정 연쇄살인 잠정 결론'.

2019.09.25.

• 〈중앙일보〉, '구속만은… 10대 성매매 피해자 돈으로 회유한 인권 변호사', 2019.10.03.

• 〈중앙일보〉, '천안 의붓아들 여행가방 사망사건 계모 "살인 고의성 없었다" 주장', 2020.07.15.

• 〈쿠키뉴스〉, '사이코패스 재범율 높은 이유?…英 연구팀 제시', 2015.01.31.

• 《법무연수원 범죄백서》, 2018, 2019.

• 《한국민족문화대백과사전》, 신주무원록

• John E. Douglas, Ann W. Burgess, Allen G. Burgess, Robert K. Ressler, Crime *Classification Manual*(CCM), Wiley, 1992.

• KBS, '진주 방화·살인 안인득 항소심 '무기징역'…"심신미약 인정"', 2020.06.24.

• 경찰청 훈령(제 604호 등)

• 찾기쉬운 생활법령정보, '대법원 2005. 9. 30. 선고, 2005도2712'

• 통계청, 《통계로 보는 여성의 삶》, 2013~2019.

• 한국폴리그래프협회 검사관 교육자료

웹사이트

• 경찰청 www.police.go.kr

• 대검찰청 www.spo.go.kr

• 법무부 www.moj.go.kr

• 찾기쉬운 생활법령정보 www.easylaw.go.kr

• 통계청 kostat.go.kr

연쇄살인사건
프로파일러가 들려주는

**범죄 심리의
재구성**

초판 1쇄 2020년 8월 21일
초판 5쇄 2023년 12월 4일

지은이 고준채

펴낸이 김한청
기획편집 원경은 차언조 양희우 유자영
마케팅 현승원
디자인 이성아 박다애
운영 설채린

펴낸곳 도서출판 다른
출판등록 2004년 9월 2일 제2013-000194호
주소 서울시 마포구 동교로27길 3-10 희경빌딩 4층
전화 02-3143-6478 팩스 02-3143-6479 이메일 khc15968@hanmail.net
블로그 blog.naver.com/darun_pub 인스타그램 @darunpublishers

ISBN 979-11-5633-296-1 03300